ユーモアコミュニケーション

場の雰囲気を一瞬で変える！

Humor Communication

草刈マーサ 著

芸術新聞社

楽しいから笑うのではない。笑うから楽しくなるのだ

We don't laugh because we are happy,
We are happy because we laugh.

ウィリアム・ジェームズ

はじめに　超真面目少女がユーモアおばさんに

20年前アメリカで交通事故にあい、夫と私は大けがをしました。夫は足にギブス、私は手に包帯。手術の日の朝は二人とも口を利く気力もありませんでした。「これからどうなるんだろう……」不安で呼吸をするのも苦しいくらいです。車いすを押しながらうつむいて待合室に入りました。

すると恰幅のいい50歳くらいの看護婦さんがやってきて、こう言ったのです。「あんれまぁ、派手な夫婦げんかかねぇ。どっちが先に手を出したの？　あなたが奥さんを蹴っ飛ばしたの？　それともあなたが旦那さんをパンチしたの？」

私たちは、思わず顔を見合わせて笑い出しました。その瞬間、気持がスーッとラクになったのです。看護婦さんのユーモアに私たちは救われました。

見方を少し変えるだけで楽しくなる。悩んでいたことも笑い話になる。周りに起きていることをネガティブなことを含めて面白がれたら、人生楽しくなると思いませんか？

人生は近くで見れば悲劇だが、遠くから見れば喜劇だ
Life is a tragedy when seen in close-up,
but a comedy in long-shot.

チャーリー・チャップリン

この本は人を笑わせるためのユーモアを伝える本ではありません。

真面目すぎる自分を変えたいと思っている人、何でも思いつめてしまいがちな人、もっと自分らしく生きたいと思っている人が、ユーモアで心をほぐして、よりよい人生を過ごすための本です。

私はもともと「超」がつくほどの真面目人間でした。人からの軽口にすぐ傷つき、失敗するといつまでも引きずり、自分にまったく自信が持てませんでした。ところが、アメリカでユーモアのある人たちに接したことで、ものの見方

が変わり、帰国後、積極的にいろいろなことに挑戦するようになり、どんどん性格が変わっていったのです。人見知りだった私が、今では初対面の人と話す時、ワクワクします。

「いつも元気だね」「マーサがいると周りが明るくなるね」「一緒にいると楽しい」などと言われるようになりました。自他ともに認めるユーモアおばさんです（笑）。

現在、私は社会人や主婦、シニア世代を対象に、日本語と英語でユーモアコミュニケーションを教えるクラス（以後、ユーモアクラス）を開講しています。最初は硬い表情だった人が、クラスに参加するうちに笑顔が多くなり、前向きになっていきます。自分はダメだと否定していた人が、ありのままの自分を受け入れられるようになり、ついには自分の弱みを笑いにしはじめます。そういう姿を見るにつけ、もっと多くの人に癒しのユーモアの力を伝えたい！という気持ちが高まり、この本を書くことにしました。

真面目が悪いわけではありません。でも、一生懸命生きようとしていた自分があんなに苦しかったのは、真面目すぎて思いつめてしまったから。ユーモアがあれば、もっと生活をエンジョイできたはずです。ピンと張りつめた糸ではなくて、少し緩みを持たせることで心に余裕ができるのです。

ユーモアセンスがない人はスプリングのない荷車のようだ。
路上のどんな小さな石ころにもガタガタ揺れる。

A person without a sense of humor is
like a wagon without springs.
— jolted by every pebble in the road.

ヘンリー・ワード・ビーチャー

この本では実際にあったユーモアエピソードを紹介しながら、ユーモアクラスで実践している、人生を面白がれる人になるための心得とエクササイズをお伝えします。

第1章「ユーモアセンスって何?」ではそもそもユーモアとは何か、なぜ日本人はユーモアセンスがないと思われるのかを考えます。

第2章「ご機嫌な自分になる」からは実践編です。ユーモアセンスを磨く前の準備体操として、まずは自分の心を安定させる方法を紹介します。

第3章「ユーモアを習慣づける」では、ユーモア体質になることを目指します。ユーモアの習慣を身につけて面白がれる人になるための遊び心を育てます。遊び心が身についたら、いよいよ人とのコミュニケーションです。

第4章「いざ、ユーモアコミュニケーションへ」では、ユーモアセンスを発揮して、自分も相手も愉快な気分になるコミュニケーション術を紹介します。

そして、第5章までたどりつけたら究極のユーモアをお伝えします。どうぞお楽しみに。

途中、くだらないダジャレが出てくるかもしれませんが、それを許容する広い心もユーモアには欠かせないので、気楽に楽しんでください。

ユーモアと言ってもピンからキリまであります。もし一つでもピンとくる話があったらぜひご自分の生活に取り入れてみてください。厚塗りの化粧ではない、スッピンの自分も好きになることができるかもしれません。町内会のピン芸人と呼ばれるようになるかもしれません。そして最後は笑ってピンピンころりと行けたら最高だと思いませんか？

日常のささやかな出来事を面白がる練習を一緒にしていきましょう！

目次

第2章

第5章

第1章 ユーモアセンスって何？

ユーモアセンスはものの見方

「ユーモアセンス」と聞いて、どんなイメージを抱きますか？　何か面白いことを言うこと？　コメディ、ウィット、漫才？　まずは左のイラストを見てください。

「ハンガー」ですね。

もし、このハンガーをハンガー以外の物に見立てるとしたら何に見えますか？

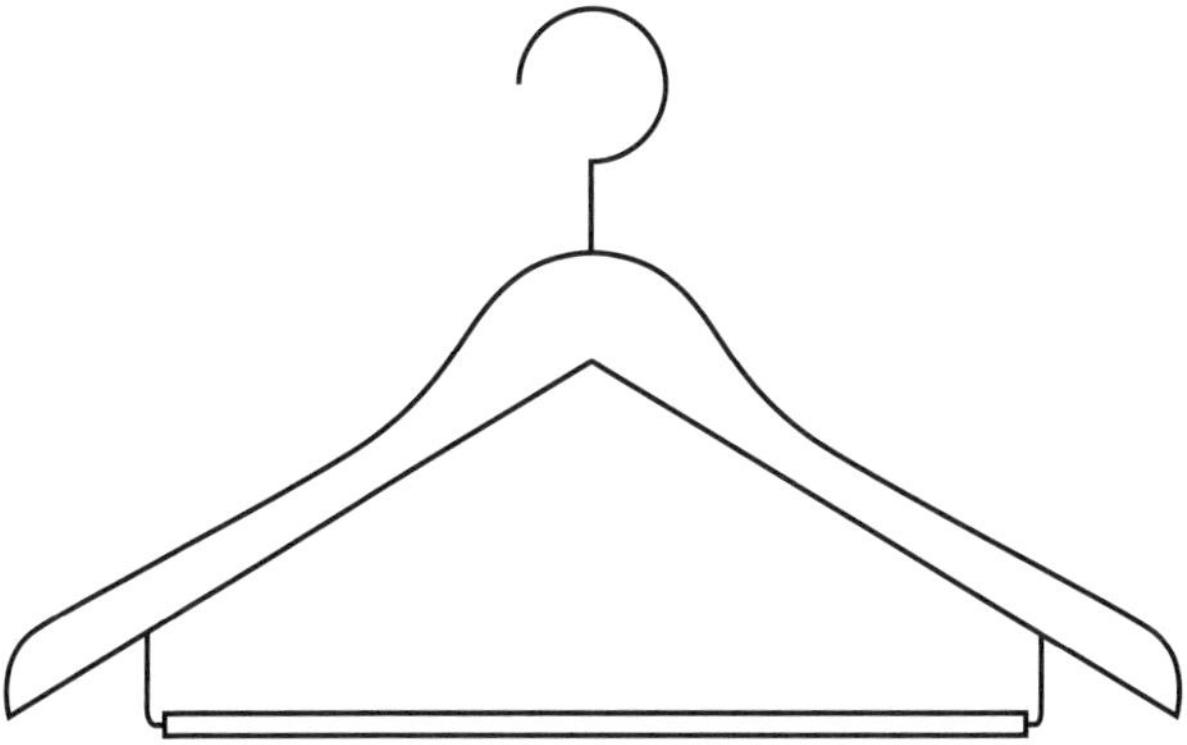

どんな角度からでも構いません。電車のつり革、弓、ブーメラン、ワイングラス、イヤリング、湖の白鳥……。見ようと思えば、いろんなものに見立てることができます。その時、意外な見方ができるとちょっと面白いと思えるかもしれません。

出来事も同じです。不幸な出来事でも、見方を変えると何か面白いものに見えてくる。「はじめに」で紹介した看護婦さんがまさにそうでした。**ユーモアセンスとは面白いことを言うことではなくて、面白いことを見つけることなのです。**私たちは味覚があることでおいしいと感じます。でも同じものを食べてもおいしいと思う人とおいしく感じない人がいますよね。同じ状況でも面白いと感じる人と何も面白くないと思う人がいる。その面白さを感じる感覚がユーモアセンスなのです。

ユーモアセンスは人それぞれです。一人が面白いと思ったものが、もう一人にとっては面白くない場合だってあります。まずは自分が面白いと思えることを増やしていきましょう。

ユーモアとお笑いの違い

「お笑い」と聞くと、お笑い芸人やコメディアンを思い浮かべる人が多いと思います。彼らの目的は人前で面白いことを言ったり、やったりして、お客さんを笑わせることです。いかに笑いをとるか、そのための技術もあります。

いかにもハードルが高そうですね。面白いことを言おうとして、変な空気になったことを思い出して、自分には「ムリムリムリー！」という人も多いでしょう。ご安心ください。本書は「お笑い」のためのノウハウではなく、ユーモアセンスを磨くための本です。

そもそも、ユーモアは人を笑わせることが目的ではないのです。ただし、**ユーモア体質になると自然と面白いことを思いついたり、言えたりするようになっていきます。**

ユーモアを辞書で調べると、人の心を和ませるようなおかしみ、上品で笑いを誘う洒落、とあります。上智大学の名誉教授アルフォンス・デーケン氏によると、ドイツ語のユーモアの定義は「**にもかかわらず笑うこと**」だそうです。

例えば、懸賞やポイントをもらうために無駄買いをしたり、テレビで血管を伸ばす体操を見てやったら、筋肉痛になって静養したり……。

人間ってかわゆい。愚かな動物。でも、そこからユーモアが顔を出します。

ユーモアとは、人間を客観的に見て面白がること。自己矛盾、パラドックス（逆説）を面白がることなのです。

私の恩師であり、英語ディベートスピーチトレーナーの井上敏之さんも「にもかかわらず笑うこと」を実践しています。最近、後期高齢者になったそうですが、「ときどきカバンをお店に置いたまま出ちゃうんだけど、昔のようにスタスタと歩けなくて、ゆっくり歩いているから、店の人がすぐに『お客様〜！』って追いついてくれるんだよ。ははは。よかったよ」

年をとると物忘れが多くなり、運動能力が落ちてきますが、ユーモアセンスがある人はそれを嘆くのではなく、何か面白さを見つけます。こんな風に年がとれたら楽しいと思いませんか？

いつまでも若さを保つ秘訣は正直に生き、ゆっくり食べ、そして年齢を偽ることよ。

The secret of staying young is to live honestly, eat slowly, and lie about your age.

ルシル・ボール

人生いいことばかりではありません。電柱に当たったり、犬にかまれたり、隕石が落ちてきたり、思いもよらないことが起きるのが人生。それらすべてを前向きに楽しめる、ある意味「特殊能力」ともいえるのがユーモアセンスだと考えています。

日本人はユーモアセンスがない?!

私が所属している米国ユーモアセラピー協会（AATH）で、ちょっと冗談を言ったりすると、「日本人ってユーモアセンスはないって思ってたわ」とよく言われたものです。アメリカ人にユーモアセンスを褒められるのは、うれしい半面、「日本人は真面目でユーモアセンスがない」と思われているようで、やや複雑な心境でした。なぜ、日本人は外国人にユーモアセンスがないと思われているのでしょうか。私なりに考えてみました。

笑ってはいけない

英語のスピーチでは、はじめにジョークや聴衆が興味のある話題を面白おかしく話します。**笑ってリラックスしてもらい、距離を縮めるため**です。聴衆もそれを期待しているので、たいてい笑ってくれます。でもそれは欧米でのこと。日本では人前でスピーチをする時や、初対面の人と会話する時、ユーモアや冗談を言う習慣がありません。

私の友人で、関西出身の男性の講師がいます。東京のある講座でジョークを交えて話したのですが、誰も笑いませんでした。「東京の人には通じへんのかなぁ」と思っていると、講座後に参加者の一人がやって来てこう言ったそうです。

「いや～先生の話おかしくて吹き出しそうになりました。笑いをこらえるのが大変でしたよ」

それを聞いた友人は「なんでやねん！　わろてよ」と思ったとのこと。

特に関東の人は関西に比べて笑いのハードルが高い。**授業やセミナーは先生が真面目に話し、生徒も真面目に聞くものだと思い込んでいるので、笑いをこらえてしまう**のですね。縦社会の世の中では上下関係が厳しく、上の者は笑うことがあっても、下の者が上の人を笑うと失礼に当たります。笑うことで相手をバカにしていると感じられないよう、笑顔、笑いを控えるため、日本人はユーモアセンスがないと思われているのかもしれません。

笑われてはいけない

日本は「恥の文化」と言われるように「そんなこと言ったら恥ずかしい」「人に笑われる」と世間体を気にする傾向があります。自分がどうしたいかよりも、他の人にどう思われるかを考えてしまう。**面白いことを思いついてもバカにされるのではないか、変な人と思われるのではないかと、口に出さない**のではないでしょうか。それでも家族や親しい友人には、おかしいと思ったことを話せるという人もいるので、ユーモアセンスはあるけれど、外にはあまり出ないということなのかもしれません。

耐えなければいけない

我慢強さもユーモアを遠ざける要因になっているように思います。

日本の昔ばなしを見ても、「鶴の恩返し」「浦島太郎」「雪女」など、我慢強さを試されるものが多くあります。

「私が織っているところをけっして見ないでください」

「宝箱はけっして開けないでください」

「私に会ったことは誰にも言ってはなりません」

　そして皆、我慢できずに約束を破り、悲しいエンディングを迎えるのです。もちろん、我慢強さが悪いばかりではありません。そのおかげで、戦後の日本は経済大国といわれるまで成長したともいえます。また、大災害のたび、混乱におちいることなく世界から称賛されます。

　スポーツでは厳しいトレーニングに耐え、苦しみを乗り越えるスポ根が見直されているようですが、今でも歯を食いしばって耐える姿を、美しいと思う人は多いのではないでしょうか。私も幼いころ「巨人の星」の主人公、星飛雄馬が過酷な練習に耐え、夢に向かって進んでいく姿に勇気をもらいました。

♪思い込んだら試練の道を行くが男のド根性〜。

　自分も耐えて頑張らなくては、と言い聞かせていました。でもそのせいで、夜眠れなかったり、体に影響が出てきました。現在はストレスで心の病を患う人も増えています。**ユーモアというのは、思いつめてしまっては出てきません。少し離れてみる。つらいことをかわす。面白がる。そういう態度が大切で**す。

日本人にユーモアセンスがないと言われる理由を、私なりに考えてみました。ユーモアを身につけるのに、日本人の勤勉さ、真面目さが妨げになっているのかもしれません。

では、日本人にユーモアは向いていないのか、といえば必ずしもそうではないはずです。昔から、落語や川柳、狂歌など、日本人本来のユーモアセンスを感じさせる文化も残っています。江戸時代に日本を訪れた外国人は、「日本人は笑い上戸で、陽気な人種だ」という記録を残しています。

また同じ日本でも関西では笑いが日常生活に浸透しているようです。商人の町で横のつながりを持つために笑い、ユーモアが必要だったのですね。ユーモアは人と人との壁を取り除くこともできます。

第2章

ご機嫌な自分になる

ここからはユーモアセンスを磨くための、具体的な方法を紹介していきます。

ユーモアは一日にしてならず!?の言葉の通り、ユーモアセンスはすぐに手に入るものではありませんが、ユーモアクラスを運営しながら発見した、着実に身につけていくための手順があります。

本章では、まずご機嫌な自分になることを目指します。**何かにイライラしていたり、自分に対して否定的な気持ちがあると、ユーモアセンスを磨けないから**です。それに、一生懸命に「ユーモアを勉強しよう！」と力むのも矛盾していますよね。その真面目さをゆるめていきます。

キーワードは「ほぐす」です。「体をほぐす」「顔をほぐす」「心をほぐす」

の順番に進めていきます。ゆるーくはじめていきましょう。

1 体をほぐす

私が開いているユーモアクラスでは、ウォーミングアップとして体をほぐすことを重視しています。なぜ、運動でもないのに体をほぐす必要があるのか。実は、**体と心はお互いに影響を与え合っている**のです。例えば、マッサージを受ける時、体のコリがほぐれると気持ちもリラックスできますよね。逆に、体が硬いと表情も硬くなり、柔軟な思考ができなくなります。心当たりはありませんか？

まずは草刈家に代々伝わるダンスを皆さまにお教えします。しっかり体をほぐしていきましょう。

こんにゃくダンス

①首、あご、肩、背中、胸、腰、肘、膝の力を意識して抜き（特にあごの力を抜くことが大事）口は半開きにし「脳みそがどこかに飛んでいってしまった〜」というような顔をする。

②こんにゃくのように身体を「ふにゃふにゃ」「くにゃくにゃ」と10秒ゆする。

こんにゃくダンスは、私が肩こりで悩んでいた40代の頃に、父から教えてもらいました。若い頃から体を鍛えることに関心のあった父は、ツボや呼吸法などを独学した結果、80歳になるまで病院に行ったことがほとんどありませんでした。こんにゃくダンスも、父が読書から得た知識だったようです。

私はこのダンスの、首と体をくにゃくにゃさせる動きがお気に入り。そこでアレンジしてユーモアクラスに取り入れてみたら、これが大成功でした。たった10秒やるだけで、会場の空気ががらりと変わります。みんなでこんにゃくダンスをすると、恥ずかしさも吹き飛んでリラックスできます。特に、見るからに上品な私が（嘘です）、口を半開きでくにゃくにゃと体をゆするとそれだけで笑いが起きます。

毎回やっているとだんだん身体の動きが大きくなり、表情もやわらぎ、心もほぐれていきます。実際の動きは、こんにゃくというより海の中で揺れるわかめのようなのですが、「こんにゃく」の「にゃ」が楽しい気分になるのでそう呼んでいます。

クラスやワークショップで、こんにゃくダンスを何百回とやるうちに気づいたことがあります。それは、**人がこんにゃくダンスをしている姿を見るだけで、だいたいその人のユーモア度がわかる**ということです。楽しそうにやっている人は、すでに遊び心を持っているので、この後、コミュニケーションのエクササイズになっても積極的にトライしてくれます。逆にあまり体を動かそうとしない人は、表情も乏しく、発言も硬いことが多いです。ラジオ体操のようなカチッとした動きではなくて、くにゃくにゃ体を動かして、楽しくほぐしていきましょう。

左右手足シェイク

①「1、2、3、4、5、6、7」と言いながら右手をシェイクする。
②左手を同じように7回シェイクする。
③同じように右足、左足の順で7回シェイクする。
④6回、5回、4回と少なくしながら1回まで右手、左手、右足、左足とシェイクする。

こんにゃくダンスで体をくにゃくにゃさせた後は、手足をぶらぶらシェイクさせます。身体をゆるめる体操は、さまざまなところで効果をあげています。

私が担当しているシニア英会話クラスに通う女性Ｈさんは、三人のお孫さんたちと暮らしています。Ｈさんは彼らの宿題を見る係なのですが、みんな宿題に集中できずやろうとしません。そこでクラスで知った、こんにゃくダンスと左右手足シェイクを思い出して、一緒にやったそうです。すると、みんな大喜び。笑いながら踊って、その後、すーっと座って宿題をやり始めたというのです。

「宿題をやりなさい！」「勉強しなくちゃだめでしょ！」ではなく、みんなでダンス。おばあさんとお孫さんがこんにゃくダンスや左右手足シェイクをやっている姿を想像するだけで心が温まりますね。

2　顔をほぐす

体がほぐれてきたら次は顔です。**表情は感情を左右します。人は、笑顔の時**

は楽しい気分になり、不機嫌な顔の時は気持ちも不機嫌になります。

しかし、英語に比べて、日本語を話す時は、表情筋をほとんど使いません。つまり、たいていの日本人は、顔をほぐすことを意識して行う必要があるわけです。ここでは顔をほぐすために、遊び心を持っていろんな表情をしてみましょう。そのためのエクササイズをいくつか紹介します。

レモン、ライオン

①鏡を見ながら、顔の筋肉を鼻のあたりにギュ－ッと集める（レモンを食べた時のようなすっぱい顔）。

②口をこれ以上開けられないというくらい大きく開ける（ライオンが吠えているような顔）。

③レモン↓ライオン↓レモン↓ライオンを繰り返す。

百面相体操

① 鏡を見ながらいろんな感情を顔で表現する。

② 怒った顔、泣いた顔、うれしい顔、驚いた顔、おびえた顔、偉そうな顔、すねた顔、疑い深い顔など、顔の筋肉を使って動かす。

どんな表情をしていいのかわからない場合は、表情豊かな人の真似から始めましょう。映画やドラマ、さらには YouTube などで見られる海外の動画も参考にできます。普段は出さない表情をあえてしてみると、おかしくなってきます。近くに鏡を置いて真似してみてください。

「表情豊かだね」と言われることの多い私ですが、以前は、ニコニコ顔と真面

目な顔の二種類しか表現できませんでした。留学中はアメリカ人に「人形みたい」とからかわれたこともあります。その時はどうしたらいいのかわからなかったのですが、ユーモアを学びながら、表情豊かな人を真似しているうちに表情のレパートリーが増えていきました。

ジブリッシュ

表情が硬い、感情を出せないという人に効果的なエクササイズが「ジブリッシュ」です。**ジブリッシュとは、まったく意味のないでたらめ言葉のこと**です。当然、相手に言葉の意味は通じません。しかし同時に、世界を繋ぐ共通語にもなり得ます。どういうことか。

私が最初にジブリッシュに出合ったのは、米国ユーモア応用治療協会でのセミナーでした。講師が聴衆全員を立たせて、「愛について、イタリア風ジブリッシュで熱く語ってください！」と言ったのです。私は訳もわからず「ナポリターノ、オーソレミーヨ、カルボナーラ！」と両手を広げて話したのを覚えています（笑）。

ジブリッシュでは、言葉の意味が通じないので、一生懸命に身振り手振り、表情、声の抑揚などで相手にメッセージを伝えようとします。感情を出さないと伝わらないため、そのうちみんなの表情が生き生きしてきます。

ジブリッシュを通して、人は言葉が通じなくても、表情や声の調子で十分に分かり合えるし、笑い合えるのだと気づきました。私たち日本人は、普段あまり感情を表に出しません。うれしくても周りを気にして、何もなかったかのような顔をしたり、逆に頭にくることがあっても、それを抑えて無表情のままでいたりします。だからこそ、**ジブリッシュで感情を発散できると、心が解き放**

たれるのです。

とはいえ、はじめての人には抵抗があると思います。まずは音を出さずに口をぱくぱく動かして「ムニャムニャ」言うことからはじめてください。慣れてきたら「ペレペレペレ」「ダバダバダバ」と少しずついろんな音を出して言ってみてください。

ジブリッシュの中でも顔をほぐすのにおすすめなのが、いろんな感情を出すという方法です。具体的には、「楽しそうに」「怒って」「びっくりして」「悲しそうに」「がっかりして」など、感情を決めてジブリッシュで話します。会社で上司に不満がある時も、ジブリッシュだったら何を言っているかわからないので、思う存分文句が言えます（笑）。ぜひトイレやベランダで試してみてください。ユーモアクラスに参加したKさんは、ネガティブな感情を持ってはいけない、怒りの感情を出してはいけないと思い込んでいました。ところが、ジブリッシュで実際に怒りを表現することで、心が軽くなったと言います。普段あまり怒りを表に出さない人は、ぜひ挑戦してみてください。

3　心をほぐす

体、顔の次は心をほぐします。体と顔がほぐれれば、自然と心もリラックスできますが、もっと根本から心をほぐすには**自己肯定感を高める**必要があります。

ユーモア体質になる基本は、**ありのままの自分を受け入れること**です。自己肯定感が低い人は、なかなかユーモアを出すことができません。もっと自分を知って自分を好きになりましょう！　ペンとメモ帳を用意して、ぜひ次の質問にチャレンジしてみてください。

自分の好きなところは？

自分の好きなところを10個リストアップします。ユーモアクラスでは、なんとか5個ぐらいはひねり出せても、10個は難しいという人が多くいます。そんな時は周りの参加者に自分のよいところを聞いてもらいます。「笑顔が素敵ですね」「声が落ち着きます」「誠実そう」などなど、初対面でも第一印象から次々と出てくるものです。

同じように、自分のよいところを周りの人に聞いてみてください。同僚や友人、家族など、照れくさい人もいるでしょうが、勇気を出して「私のよいところってどこかしら？　10個見つけなくちゃいけないんだけど、手伝ってくれる？」と尋ねてみましょう。

どんな些細なことでも大丈夫です。人から褒めてもらってください。もらえたコメントに100倍の力が湧いてきたと話す人もいました。

例

- ・正直者。
- ・優しい。
- ・嫌なことはすぐ忘れる。

・約束の時間を守る。
・動物とすぐ仲よくなれる。
・食べ物の好き嫌いがない。
・キャベツの千切りがうまい。

三つの「できた」と「ありがとう」

一日を振り返ってよくできたことを三つ、感謝することを三つ挙げます。

忙しすぎる人は、日々のことを振り返る余裕がないかもしれません。「よくできたことなんか一つもない！」と言うかもしれません。毎日何気なくやっていることでも、ちょっとうまくいったことでもいいのです。振り返って書いてみてください。

「できた」の例

・朝7時前に起きられた。
・苦手な上司とにこやかに話せた。
・電車で次の駅で降りる人を当てることができた（笑）。

「ありがとう」の例

・急いでくれたタクシーの運転手に。
・洗濯ものがよく乾くいい天気に。
・一人暮らしの母親が元気で暮らしていることに。

ユーモアクラスに参加しているEさんがこんな感想をくれました。

ユーモアを身につけるには、まず自己肯定感を高める必要があると聞いて、「毎日よくできたことを三つ、感謝することを三つ挙げる」という宿題を続けてみました。最初のうちは、「毎日そんなにできたことも感謝することもないよー！」と思います。それでも、どうにか絞り出しているうちに、面白いことに気づきました。いいことがなかったという日でも、「私はこんなに頑張ったよ！」と言えるところを探したり、アンラッキーなことがあっても、「これはユーモアクラスで話せるネタだ！」と思うようになったんです。

例えば、1歳半の娘は食事の時、自分でやりたい盛りなので、何でも自分で食べようとして派手に床にこぼします。それまでは、「またか……」「毎日床を拭いているなぁ……」とため息をついて終わっていたところですが、「こんなに毎日床を拭いて、私よくやってるよね！」と今日よくできたことが一つ、「この子がこぼすおかげで毎日床がきれいだわ」と感謝することも一つ、とカウントするようになりました。

自分がよくできたことを三つ、感謝することを三つ、これを2週間やってみたら気持ちの沈むことが少なくなりました。周りから明るくなったと言われることも多くなり、ユーモアはまさに「体質改善」だなと、身をもって体験しました。もはや娘の粗相にも感謝です。

「できた」は本当に簡単なことでいいのです。目覚まし時計を3回くらい止めて起きるのが、1回目で起きられたとか、目玉焼きの黄身が中心にきたとか、ゴミがゴミ袋にぴったり入ったとか、立派なうんちが出たとか（笑）。快食、快眠、快便、ユーモア体質に大事です。

どんな自分になりたい？

想像してみてください。皆さんはユーモア体質になってどんな生活を送っていると思いますか？

例

- 友人や家族、会社の同僚とユーモアを言い合いながら笑っている。
- 緊張感のある場の雰囲気を和やかにできる。
- 初対面の人とも笑いながら話すことができる。

・苦手な相手とも嫌な雰囲気にならずに対処できる。
・失敗しても「ま、いっか～」と気楽に思えるようになる。
・ユーモアのおかげで商売繁盛！　めでたし、めでたし。

それぞれの質問にうまく答えられたでしょうか。「自分の好きなところは？」という質問では現在のことに、「三つの『できた』と『ありがとう』」では過去のことに、「どんな自分になりたい？」では未来のことに目を向けてもらいました。**このような前向きな質問に、躊躇なく答えられるようになれば、自己肯定感は確実にアップしていくことでしょう。**

第2章では、体や顔を実際に動かしながらほぐしたり、自己肯定感を上げたりして、ご機嫌な自分になることを目指しました。あまり実感できていない人もご心配なく。ユーモア体質に向けて、着実に前進しているはずです。次の章では「ご機嫌な人」から「面白がれる人」にステップアップしていきます。リラックスした状態でお進みください。

第3章 ユーモアを習慣づける

前章では、体と顔と心をほぐしてご機嫌な自分を目指しました。緊張がゆるんできたら、いよいよ次はユーモアセンスを磨くためのステップに移ります。

毎日の生活の中でユーモアに気づく第一歩は、ユーモアを大切だと思い、意識することです。ユーモアセンスとは面白さを感じる感覚です。同じことをしても面白いと思う人、つまらないと思う人、何も思わない人がいます。どうせなら面白いと思えることが多い人生を送りたいですよね！

と言っても一日でユーモアのある人になることはできません。まずは面白がれる人になるためにユーモアの習慣を身につけましょう。本章では、「笑う」

「集める」「遊ぶ」という三つのキーワードで、その方法を順に見ていきます。

1 笑う

心の安らぎは笑顔から始まる
Peace begins with a smile.

マザー・テレサ

ユーモアを習慣づけるのに欠かせないのが笑顔です。笑顔を作るのは相手のためと思っている人が多いかもしれませんが、実は、自分自身が楽しい気持ちになれる一番簡単な方法なのです。

高校生の頃、祖母に言われたことがあります。

「そんな仏頂面してないで、笑ってごらん。笑うと口がお皿の形になって、幸せが入ってくるけど、むすっとしてたら、お皿がひっくり返って幸せが入ってこないんだよ」

反抗的だった私は、非科学的な話だと思って信じませんでした。しかし、今ならよくわかります。祖母の言っていたことは本当だったのです。

例えば、鉛筆を縦にしてくわえた場合（タバコを吸うように）と、横にして歯にくわえた場合（笑顔になるように）では、後者の状態で漫画を読んだグループのほうが、より面白く感じるという実験結果が出ています（ドイツの心理学者フリッツ・ストラック、レオナルド・マーティン、ザビーネ・ステッペルの実験による）。

表情筋が動くことで脳が騙されて、自然に笑った時と同じ効果が体に起きる。つまり、同じものを見ても笑顔で見たほうが愉快に見えてくるわけです。これは衝撃的な事実でした。そんな簡単なことで楽しく思えるのなら笑顔になったほうがいいですよね。

笑顔で筋肉痛!?

前述のことを知って以来、私は暇さえあれば笑顔の練習をしました。電車を待っている時、歩いている時、料理をしている時、家でパソコンを打っている時、口角を上げることはいつでもどこでもできます。一日50回はやっていたでしょうか。マラソンや腹筋運動は続かない私でしたが、笑顔を作るだけならハードルが低かったのです。初めはほっぺたが筋肉痛になりました。それくらい普段、口角を上げることがないということです。

続けていると、不思議なことに気持ちがどんどん明るくなっていきました。イライラすることも少なくなりました。息子に嫌味たっぷりに、「よく何回も同じ間違いするよね」と言われた時も、「何よっ、その言い方は〜!」という言葉を飲み込んで、まず笑顔。すると口から出てきた言葉は、「よかったわね。あなたは賢いお父さんに似て」

それまでは、息子の反抗的な言葉に反応して、そのたびにバトルになっていたのですが、笑顔を作ることが習慣になっただけで、落ち着いたトーンで話せるようになりました。売り言葉に買い言葉だったのが、笑顔になることで、その間に一息つけるようになったのです。私の話し方が変わると息子の態度も少しずつ変化していきました。いつの間にか、それまでに聞いたことのない、学校での友人の話などもしてくれるようになったのです。

久しぶりに行った美容院で「なんか表情が優しくなったね」と美容師さんに言われたのには、びっくりしました。昔は神経質そうな顔だったそうです。

最近はまったく知らない人に突然「笑顔がステキですね」と言われることがあります。講演に行って、講師に「あなたの笑顔のおかげでとても話しやすかった」とお礼を言われたこともあります。**最初は作り笑顔だったのが、いつの間にか、自然な笑顔になった**ようです。

小さい子どもは、一日に300～400回ほど笑っていると言われていますが、モンデリーズ・ジャパンが20代～50代の男女600人を対象にした、「いい歯と笑いに関する意識調査（2017年）」によれば、一日に笑う平均回数は11・3回だそうです。20代は平均15回に対して、50代は約7回。いかに少ないかがわかります。あなたは今日、何回笑いましたか？

そうなるまでその振りをしなさい。
Fake it until you make it.

まずは形から入りましょう。笑顔のポイントは、顔がおよそ左右対称であること、そして、目と口の両方が笑っていることです。自然に笑った時は、目尻にしわができます。それに対して、接客のために無理やり作った笑顔は、口角だけ上がっていて目は笑っていないのです。

相手を笑顔にするには、まずは自分が笑顔になること。笑顔はユーモア体質を作る重要なポイントです。ラクしてハッピーになりましょう！　そのためのスマイルエクササイズをいくつかご紹介します。

ハッピーラッキーミー

「うれしィ」「楽しいィ」「ハッピイ、ラッキイ、ミィ」など、口角があがる「イィ」で終わるポジティブな言葉をできるだけ多く言いましょう。ハッピーラッキーミーは、「幸せでツイている私」という意味です。この際、「ジュリィー！」でも「あけみィー！」でも構いません。ポイントは、目も笑顔ということです。

声を出しづらい場所であれば、私のように口角をあげるだけでもOKです。好きな歌手、ペット、楽しかったことなどを思い出しながら、練習してみてください。きっとほっぺたが筋肉痛になります（笑）。

鏡を使って笑顔チェック

鏡を部屋のあちこちに置いて、笑顔をチェックします。帝国ホテルの電話オペレーターは、「明るく元気に笑顔で接客」ができるように、いつも電話の前に鏡を置いているのだそうです。口角はあがっているか、目元は笑っているか、電話をとる前にチェックしています。第一声はスピーチやプレゼンテーションでも大事ですが、電話の場合、声しか聞こえないのでなおさらです。笑顔を心がけることで、友だちに「性格が明るくなったね」と言われ、自信がついたと、オペレーターの一人が言っていました。

皆さん、お化粧のチェックより笑顔のチェックをしてくださいね。

鏡の自分に褒め言葉

鏡に向かって笑顔ができるようになったら、自分が言われたい言葉で自分を褒めるのもいい方法です。「かわいい！」「きまってるね！」「頑張ってるじゃん！」「さすが〇〇ちゃん！（自分の名前）」などと自画自賛すると、なんだかおかしくなって笑ってしまいます。これは笑顔の練習だけではなく、人を褒める練習にもなります。「いやぁ、それほどでも〜」なんて一人芝居をできる人はすでに遊び心もありますね。

ユーモアクラスのメンバーで、外資系の会社に勤めている40代の女性Kさんは、笑顔の効果を実感した一人です。彼女は、普通にしているのに同僚から「何怒ってるの?」とよく言われたそうです。私の「笑顔で筋肉痛」の話に感動した彼女は、クラス内での練習だけでなく、家にいる時も、何も楽しいことがない時も、笑顔の練習を繰り返しました。ある日、スーパーで買い物をしていると、きれいで優しそうな女性が微笑んでくれたそうです。「笑顔の練習の成果かしら」とうれしくなって、よく見ると鏡に映った自分だったんだとか(笑)。満面の笑顔でユーモアたっぷりに話してくれました。

普段から笑顔の練習をしていると、だんだん表情筋がついてきます。する

と、笑顔が形状記憶されて気分が明るくなっていきます。Kさんは、笑顔のおかげでポジティブな気持ちでいられるようになり、いろんなことにチャレンジするようになりました。

笑顔は「人から好印象をもたれる」「人が声をかけやすい」などとよく言われます。確かにそうでしょう。しかし、私が声を大にして言いたいのは、「**笑顔は自分を元気にしてくれる**」ということです。それにいつでもどこでもできて、得るものは莫大なのに、タダ、無料、ノーチャージ！　ちょっと口角をあげればいいだけの、一番手っ取り早い幸福感を感じる方法です。ぜひ、笑顔のパワーを感じてください。

笑顔ができるようになったら、今度は声に出して笑う練習です。はい、少しハードルが上がってきました（笑）。まずは面白いことがない時でも笑える練習方法をお伝えします。

ラフターヨガ（笑いヨガ）

笑うことが体にいいことは知られていますが、大人が声をあげて笑う機会は限られています。テレビでお笑い番組を見ている時ぐらいという人もいるほどです。

ここで紹介するのは、面白いことがなくても笑う体操、ラフターヨガです。ラフターヨガは1995年、インドのムンバイで医師のマダン・カタリアが始めた、笑いの体操とヨガの呼吸法を組み合わせたものです。当時、たった5人で始めたものですが、今ではナント100国以上に広がっています。

おかしくて笑っても、ただの体操として笑っても、脳には区別がつかないため、健康への効果は同じであるという科学的根拠に基づいた方法です。笑って多くの酸素を自然に体に取り入れることで、心身ともにすっきりし、健康と活力を実感できます。最初は体操として笑うのですが、みんなで集まって笑うことで、笑いが伝染して自然な笑いに変わっていきます。

一番よいのはラフターヨガのクラブに参加して、他の人と一緒に笑うことです。ご興味のある方は、ぜひお近くのクラブを探してみてください。もちろん一人でもできますので、ここでは私が気に入っているエクササイズを三つご紹介します。

◎ナマステ笑い

ナマステはインドの挨拶。両手を合わせて顔を前を向ける。お辞儀をしながら「ナマステ」の代わりに「はっはっはっは」と高笑い。

◎携帯ラフター

携帯電話を耳に当て、相手がおかしいことを言っているふりをして大笑い。

◎笑いクリーム

塗るとおかしくて笑い出してしまうクリームを想像する。それを顔や頭や体

など好きなところに塗りながら大笑い。

おかしくもないのに笑うことに抵抗があるかもしれません。まずは「はっはっはっは」と息を出すことから練習してください。少し慣れてきたら「はっはっは」の「は」と「は」の間を短くしてみてください。インターネット上には、笑いヨガの動画がたくさんアップされているので、参考にしてもよいでしょう。

笑いの伝染力

ラフターヨガではグループで何人か可笑しくて、本当に笑い出す人がいます。それを見て他の人も笑い出すことがあります。**笑いは伝染力が強い**のです。笑い声を聞くだけで、笑ってしまったことありませんか?

アメリカのお土産として、父におもちゃのボイスレコーダーを買ったことがあります。おもちゃ売り場で見つけたもので、たしか10ドルぐらいでした。まだ携帯電話が普及する前でしたので、記憶力の衰え始めている父が、メモ代わりに駐車場の番号や買い物リストを録音したら便利ではないかと思ったのです。

しばらくして父と会う機会があり、役に立っているかと尋ねると、「おー、使っているぞ。聞きたいか?」と早速ボイスレコーダーを持ってきました。

「わっはっはっは、わっはっはっは……」

聞こえてきたのは、父の豪快な笑い声だけ。意表を突かれた私と息子は、思わず一緒に笑ってしまいました。父は人がやらないようなことをやるのが好きなのです。

「こんな使い方があったのか!?」

昔、笑いに関する実験をテレビで見たことがあります。まず、参加者に実験があると伝え、待合室で待ってもらいます。そこへ別の男性が入ってきて向かい合わせに座り、突然笑い出します。言葉は何も交わさない。ただひたすら笑うのです。最初から部屋にいた人は、何が何だかわからないまま、一緒になって笑ってしまう。それを見ていた私も、噴き出してしまいました。

今は動画で赤ちゃんの笑っている様子、他の人が笑っている様子など、たくさん見ることができます。最近声を出して笑っていない人は、ぜひ動画や笑い声を聞いて、一緒に笑ってみましょう。

2 集める

ユーモア体質を目指すには、常日頃から面白いものに触れていたいものです。しかし、ユーモアセンスは人それぞれ違います。あなたが面白いと思うものはどんなものでしょうか?

ここでは、ユーモアのあるものを集めることを提案します。これまでに面白いものと出合ったことがあったとしても、それを集めようと意識した人は少なかったと思います。ユーモアの引き出しを増やすつもりで、「ユーモア」をコレクションしていきましょう。

ユーモアグッズ

アメリカで暮らしている時、日本人駐在者にお土産として、ドラえもんのどら焼きマスコットをもらったことがあります。外側にチャックがあり、それを開けると中からドラえもんが出てきます。そのどら焼きの真ん中を押すと、「今日の運勢……大吉。パンパカパンパンパーン！」、または「今日の運勢……凶。ヒェロヒェロヒェロ～」と音声が出るものでした。もちろん、凶の時はもう一度やり直します（笑）。

遊び心のあるものは、深刻になるのを防いでくれます。ユーモアクラスでは全員に、ピエロが付けるような赤い鼻（クラウン・ノーズ）をプレゼントしています。会社で疲れた時や腹が立った時、引き出しの中の赤い鼻を見ると気持ちがラクになるという感想もありました。ある男性は、家に帰ったらそれを指人形にして会話すると話していました。

クスッと笑えるものを見つけてみませんか。例えば、ぬいぐるみやキーホル

著者の持っているユーモアグッズ

ダー、面白い形のメガネ、ユーモアのあるカード……、100円ショップや雑貨屋さんにも実用性ゼロの面白グッズが売っていたりします。ユーモアグッズをカバンに付けたり、職場に飾ったりすれば、そこから会話が始まるなんてこともありますよ。

ユーモアフォト

今はスマートフォンで簡単に写真を撮ることができます。おいしそうな料理を撮ったり、美しい景色を撮ったりしている人たちをよく見かけます。しかし、ユーモア体質を目指すあなたに提案したいのはユーモアフォトです。面白い看板や面白みを感じる形など、あなたのユーモアセンサーに引っかかったものをどんどん写真に撮りましょう。**積極的に面白いものを見つける訓練になり、世の中に対する見方が変わっていきます。**

例えば、一日一枚をノルマにしてSNSなどで発信すれば、ユーモアフォ

（バンザーイ！紅組優勝！）

（雨がつめとうござんす）

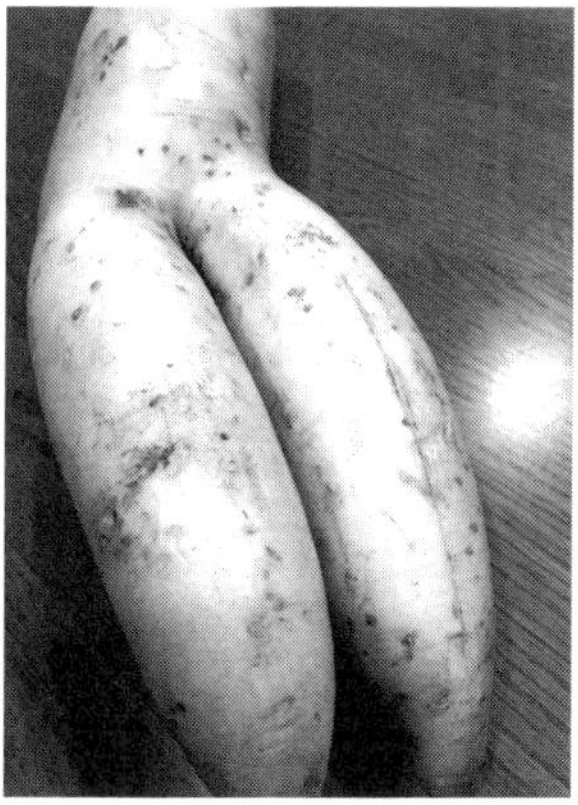

（まさに大根足!?）

（海外のサイン臨場感あふれています）

トのコレクションが出来上がります。

ユーモアジャーナル

見たこと、読んだこと、人から聞いたことが面白いと思ったら「ユーモアジャーナル」として書き留めます。例えば、運転中たまたま耳にしたラジオ番組、お題に対して視聴者が答えを送ってくる大喜利、あるいは落語や川柳、替え歌、短いジョークなど、思わず笑ってしまったものがあるはずです。ところが、せっかく楽しい気分になったのに、**メモをしておかないと「あれ、なんで笑ってたんだっけ？」ということになりがち**です。

私が替え歌で一番笑ったのは、中島みゆきさんの名曲「地上の星」にかけて作った「日常のドジ」。

♪かけたはずのめがね〜買ったはずの豆腐〜みんなどこへ行った〜記憶たどるけれどなく〜。

忘れっぽくなっているシニアの人（もちろん私も）にとてもウケていました。

新聞にはこんな記事が載っていました。

第90回記念選抜高校野球大会の開会式で、慶応のプラカードの応の心の左端の点が取れていた。業者のミスだったのだが、それに対して外野手の選手が「取られた『点』は自分たちで取り返せばいい」と語った。

前向きでいいですね！

私の母は地区センターで謡《うたい》を習っています。ある日、練習が終わって部屋を出ようとすると、入り口に立っていた60歳くらいの受付の女性に声をかけられたそ

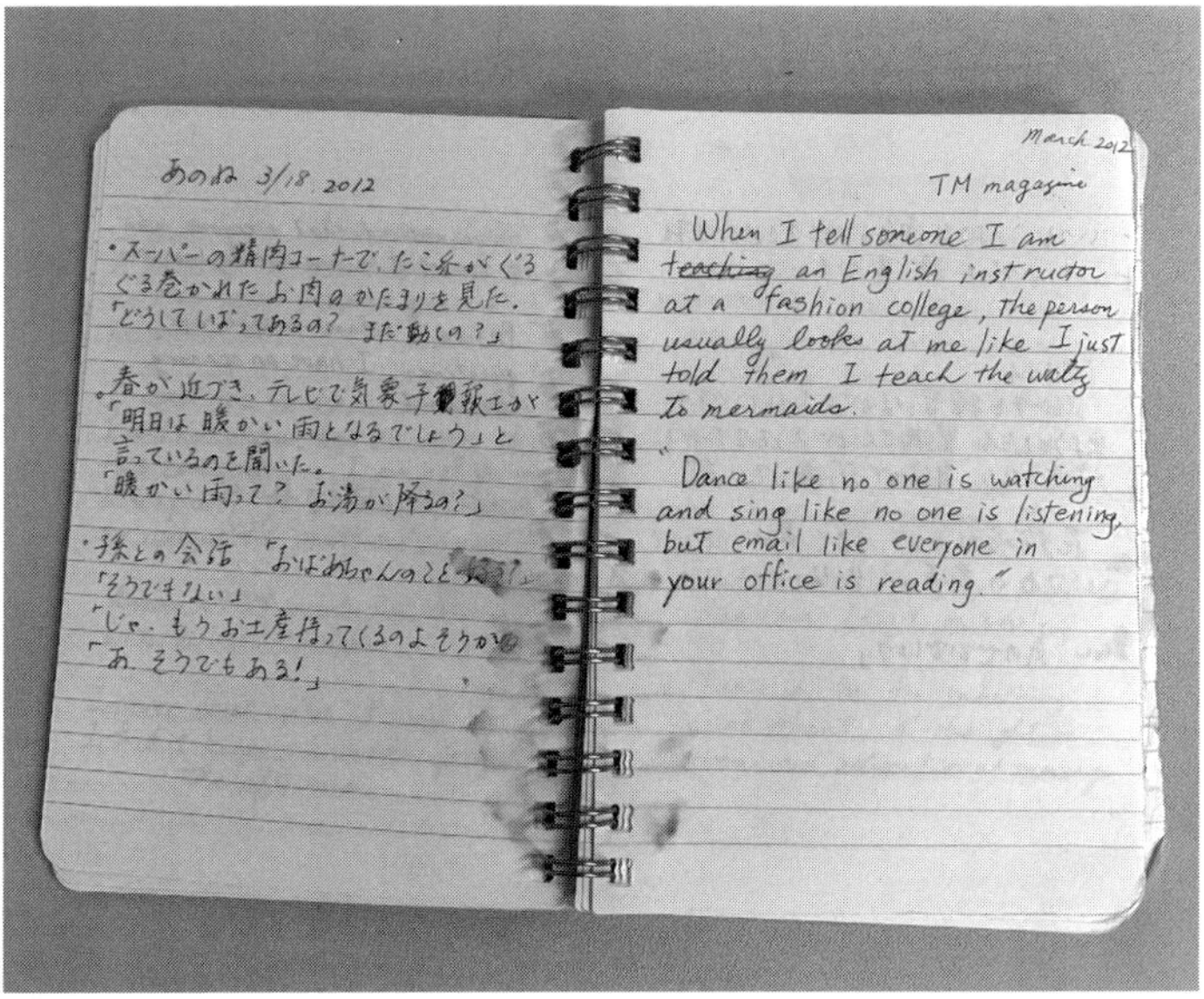

うです。とても感心した様子で「お腹……出てますねー！」と一言。

（えぇー！　ちょっと失礼じゃない？）

でも母は、へへへと笑って、お腹をさすりながら言いました。

「そうなんですよ。甘いものが好きなもんで……」

すると受付の女性は、一瞬きょとんとして、それから大笑い。

「いやだわぁ〜、『声がお腹から出てますねぇ』と言ったんですよ」

　そして自分のお腹をさわり、「お腹だったら私だって出てますよ」とまた大笑い。この話を私たちにしながら、母はまた思い出したらしく、体を震わせて笑っていました。こんなに楽しそうに話をする母は久しぶ

り。見ていた私たちもつられて笑ってしまいました。書き留めておくと記憶に残ります。この話は何度となく母にして、そのたびにみんなで大笑いできます。

ここで両親が大笑いしたクイズを一つ。

My father is my mother.

どういう意味だと思いますか？（答え　私の父はわがままです）

ユーモア比喩

ゲラゲラ笑うものでないにしろ、「これは面白い！」と思ったら書き留めてほしいのですが、中でも比喩表現はおすすめです。

私が行きつけのリサイクルショップにいる、Kさんの比喩表現にはいつも感心します。気に入ったデザインだけど、サイズが小さい服を見て一言。

「こんな細い服、内臓取り出さなきゃ着られないわよ」

大人しい色を選ぶ主婦Mさんのことを「Mさんは、社会を敵に回さないような服を選ぶのよね」

Ｋさんと話すといつも笑いが起き、楽しくなります。

「ユーモア学」を専門とする神奈川大学教授の大島希巳江さんが２００６年、ある保険会社の営業担当者４００人を対象に行った調査によると、ユーモア度が高い人ほど営業成績がいいという結果が出たそうです。しかし、意外にも「ユーモア度が高い数人にインタビューをしたのですが、第一印象はまったく面白そうな人ではありません。むしろ普通で、誠実そうな印象を与える人ばかりでした」ということです。

ただ、話をしてみると共通点があったそうです。それは、「表現力が豊かで洗練されている」ということ、そして「ユニークな比喩表現が多い」ということでした。

意外な視点から物ごとを見られるのがユーモアセンス、ということでユニークな比喩表現が多いことには納得です。私が通っている健康体操の先生も比喩がとても上手です。

「冷たい便座にゆっくり座るように少しずつしゃがんでください」とか「お腹の上にビー玉を載せてそれを少しずつ動かすように腰を上げてください」とか、思わずクスッと笑ってしまいます。面白いなと思う言葉の使い方を見つけたら書き留めておきましょう。

例

- 年を取ったら「きょういく」と「きょうよう」が大切だ。つまり、今日行くところがあること、今日、用があること。
- 質問するのが楽しくなり、どんどん話を引き出せた時には、まるで潮干狩りでどんどん貝が出てきたようにうれしかった。
- ほうれん草を食べたポパイのように元気が出てきた。
- 「驚き、桃の木、サンショの木、ブリキにタヌキに蓄音機だ！」（寅さん）
- 「気が重い」と言わずに「あーきがおいも」と言ってみる。

ユーモアグッズ、ユーモアフォト、ユーモアジャーナル、ユーモア比喩を紹介しましたが、実際に集めたら24時間以内に家族や友人にシェアしてみてください。

面白い話をする人は、面白いことがその人に特別に起きているのではなく、ユーモアに気づくユーモアアンテナを張っているのです。そして面白いことが起きたら、それを他の人に話すことを繰り返しているのだと思います。そのためにはユーモア感覚が近いユーモアフレンドを見つけることも大事ですね。

せっかく面白いものを集めても、見返すことなく忘れてしまってはもったいない！　集めたものを共有することもユーモア体質を目指すためのよい訓練になります。ユーモアアンテナを立てユーモアを集めましょう！

3　遊ぶ

年をとったから遊ばなくなるのではなく、

遊ばなくなるから年をとるのだ。
We don't stop playing because we grow old;
we grow old because we stop playing.

バーナード・ショー

ユーモア体質にならなくてはならないもの、それは遊び心です。遊び心を言い換えれば、子どものような無邪気な心です。ここでは、小さい頃に誰もが持っていた遊び心を、取り戻すためのいくつかの遊びをご紹介します。

すべてをやる必要はないので、面白そうだと思ったものにトライしてみてください。

ニックネームで遊ぶ

遊び心を取り戻すのに便利なのがニックネームです。**ニックネームで呼び合**

うのは親しい間柄ですよね。そこで、まず先にその状況を作ってしまうのです。英語のユーモアクラスでは、英語のニックネームで呼び合います。顔は日本人なのに名前がボブとかマリリンとか、それだけでおかしい状況です（笑）。

私の父のニックネームは「どん」でした。顔が小さくて黒くて、どんぐりみたいなので「どん」です（笑）。強面な父ですが、この由来を話すだけで相手が笑ってくれます。おかげで近所の人とも親しく交流していました。ニックネームはコミュニケーションが苦手な人にも、ぜひ使ってほしいと思います。

私が初めて日本語でビジネスパーソン向けのユーモアワークショップを開催した時、最初にニックネームを決めてもらいました。キムキム、もーくん、ユッキーなど。ホワイトボードに書いている時から楽しい雰囲気になります。全員が初対面だったのですが、2時間後にはまるで同級生のように仲よ

くなっていたのには正直驚きました。

人だけでなく健康器具や自転車にあだ名をつけるのも、遊び心を養うのにいい方法です。

体と顔で遊ぶ

2章でご紹介したような体をほぐす体操、ダンス、カニ歩き、エアギター、百面相体操、変顔などをします。簡単に言ってしまえば、普段の動きとは違う動きをしてみるということです。

身体を遊び心を持って動かすと、気持ちも楽しくなってきます。義母の病院の付き添いの時、普通に歩いてしまうと、義母が追い付かず、途中で何度も待つことがありました。そこで考えたのが綱渡り歩き。前の足のかかとに後ろ足を持ってきて、まるで綱渡りをしているように歩くと、ちょうどいいスピードになるのです。義母もにっこり笑ってくれました。

声で遊ぶ

私の友人に、夫婦げんかの時、赤ちゃん言葉で話す決まりを作っている人がいます。これが効果抜群！「〇〇でちょ！」と言うだけで笑ってしまい、けんかにならないそうです。

このように声で遊ぶと簡単に気分が変わります。試しに「そうなんだ」という言葉をいろんな声で言ってみてください。暗い声、元気いっぱいの声、意地悪な声、3歳児の声、気取った奥様風の声、おじいさんの声などなど。ドラマや時代劇に出てくる俳優さんやニュースキャスターの話し方を真似をしてみるのもいいですね。普段なにげなく使っている言葉でも、声を変えるだけで気分が変わります。

ユーモアクラスで行っている声を使ったワークを紹介します。ネガティブなことをうれしそうに言うという内容です。

①「お財布なくしちゃった」と悲しそうに言う。

②満面の笑顔で声のトーンを上げて「お財布なくしちゃったー！」とうれしそうに言う。

このワークの狙いは、声を変えるだけで、ものの見方が変わることに気づいてもらうことです。顔を上げて姿勢もよくして言えば、それだけで楽しい気分になります。

「だからよかった」で遊ぶ

「声で遊ぶ」の続きです。声だけでなく「だからよかった」を足して、その後、理由づけします。

ユーモアクラスでは、一人が最近あった残念なことを言い、残りのメンバーが「よかったじゃないですか！」と大げさに褒めるエクササイズをしています。

例えば「太っちゃったんです」という発言に対して。

「よかったじゃないですか！　しわが目立たなくなりますよ！」

「よかったじゃないですか！　タヒチじゃモテモテですよ！」

または「チケット取れなかったんです」という発言に対して。

「よかったじゃないですか！　家で見たほうがゆっくり見られますよ！」

ポイントは「よかったじゃないですか！」と、声と顔をポジティブに変えていうことなんです。一人の時はまず「だからよかった！」と言ってみてください。不思議なことに声、表情を変えることで感情が変わり、見方も変わり、理由が思いつくのです。


同じ要領で自分の短所と思うことを、長所に変えることもできます。例えば、自分のことを優柔不断だと思う人は、「よかった。だから、私は何でもじっくり考えられるんだ」と別の角度から見てみましょう。

「だからよかった」がなかなか思い浮かばない人には、女子高校生が考案した『ネガポ辞典』（主婦の友社刊）をお薦めします。ネガティブな言葉を引くと、その反対のポジティブな言葉を見つけられる辞典です。

例えば私の短所である「行き当たりばったり」を引いてみると、

①アクティブ「深く悩まないので、すぐに行動をとることができる」

②楽天的「先のことをあれこれと憂うことがない」

③「今を大切にしている」

なんだか自慢したくなってきます（笑）。スマートフォンのアプリにもありますので、ご興味が湧いたら探してみてください。

服で遊ぶ

息子が中学受験の時、気をつけていたことがあります。それは、家で受験の話をしないということ。なるべくどうでもいい話をして、ピリピリする空気をやわらげるように心がけました。いつも真面目な話しかしない私にとっては大変なチャレンジでした（嘘です）。代わりに受験してあげたくてもできませんし、できたとしても私が受けたら確実に落ちます。何か元気づける方法はないかと考え、私はある日ひらめいたのです。

「パンツだ！」

昔、スピーチコンテストの優勝者が、赤いパンツを履くと力が出ると話していたことがあったからです。近くのスーパーに行くとありました。まるでどこかの国旗みたいな派手なパンツ。Championという名前もいいですねぇ。あるイケメン俳優さんも、初舞台の時には勝負パンツ用に「ジョーズ」のパンツを履くそうです。上手にできるように……。

ちなみに下着のパンツは英語でunderwearといいます。Pantsはズボンのことです。ここで英語の駄洒落を一つ。

Polar bear wears underwear（ホッキョクグマがパンツはく）

子どもと遊ぶ

息子が幼稚園児だった時のことです。ある朝、私の元にやってきて目を輝かせてこう言いました。

「僕、大きくなったらスーパーマンになって幼稚園まで飛んでいくんだ！」

「それはいいわねぇ」と一緒に喜んでいると、突然息子が悲しそうな顔になりました。

「僕、幼稚園までの道、わかんない」

「大丈夫。ママが背中に乗って教えてあげるから」

「あ～よかった！」

賢い母を持った息子はラッキーでした（笑）。

子どもの発想力は大人を軽く超えていきます。小さい子どもを見つけたら、ぜひ観察してみてください。何か面白いネタを発見できるかもしれません。私は子どものつぶやきを集めた新聞の投稿が好きです。

・ぬかみそにきゅうりとなすを漬け込んでいる祖母を見て「どうして隠すの？」

・タコ糸で縛ってある焼き豚を見て「どうして縛るの？　まだ動くの？」
・布団乾燥機でふわふわになった布団に寝転び「あーあったかい。ご飯の上の梅干しの気持ちがわかるよ」
・「花火がカラフルなのはなぜでしょう？」と聞かれて「喜ばせたいから」

「もしトーク」で遊ぶ

「もし宝くじが当たったら何をする？」

宝くじを買う人には、それを考えるのが楽しくて買っている人もいることでしょう。さて質問です。

「もし1万円を渡されて、何でも買っていいと言われたら何を買いますか？」

英会話のクラスで聞いてみました。

「1万円だったらローストビーフ500グラムくらいかしら。……1万円ですね、1万円かぁ……」（たったそれだけという表情）

さすが主婦、高級スーパーのローストビーフを買うそうです（笑）。そこで、太っ腹な私は言いました（こういう時は太っ腹です）。

「わかりました！　いいでしょう。10万円差し上げます！　10万円だったら何に使いますか？」

皆さんだったら何に使いますか？　少し考えてみてください。

期待して待っていると、別の人からこんな意見が出ました。

「お財布にしまって何度も何度も眺めます。ハッピーな気持ちになれます」

これにはみんなで大笑い。宝くじと同じで、想像するだけで楽しくなるものですね。

「もし……だったらどうする？」

毎日の生活に大笑いする出来事がなくても、「もし……だったら」がうれしいことだと、それだけで気分が上がります。

「もしトーク」の例をもう一つ挙げます。次男が中学受験の時のことです。思うように成績が伸びず、偏差値も合格圏外。なんとなく家の中が暗くなりかけていた頃、義母が言いました。

「トモちゃんの行きたい学校って、特待生制度があるんだって？　いいねぇ。特待生になったら、おばあちゃん、何か買ってもらおうかなぁー」

特待生制度というのは、入学試験の成績上位者の学費が免除される制度のこと。思わず「お母さん、そういうレベルではないんですよ。ぎりぎりまぐれで入れるかどうかなんです」と言いかけたのですが、口から出てきたのは「いいですねぇ。おいしいものでもみんなで食べに行きましょう！」

心配したってきりがない。そう考えたら、なんだか急に気がラクになりました。想像の世界を楽しむのもユーモアです。それからは「特待生になったら」の会話で楽しめるようになりました。

「僕が特待生になったらお母さんに〇〇円あげるね。勉強見てくれてるから。お兄ちゃんにも〇〇円あげる。作文直してくれるからね。お父さんにも……」と言いかけたので、私は思わず口を挟みました。

「あら、お父さんは何もしていないじゃない」

すると息子が言いました。

「お父さんは毎日会社へ行って仕事してくれてるもん！」

じ〜ん（涙）。なんて母親に似ず、優しい息子なのでしょう。いつも虐げられている夫に、録音して聞かせてあげたかった。するとそれまでニコニコしていた息子が、急に悲しい顔になり黙ってしまいました。

「どうしたの？」

息子は泣きそうな顔になって「みんなにあげたら僕の分がなくなっちゃう！」

卵からかえる前にひなの数を数えるな（捕らぬ狸の皮算用）
Don't count your chickens before they are hatched.

それでは皆さんもしトークやってみましょう！

・もしあなたがタイムマシーンに乗って、どこにでも行けるとしたら、どの時代に行って何をしたいですか？
・もしあなたが憧れの人と24時間デートをするとしたら、誰と何をしたいですか？
・もしあなたがすごい力を持てるとしたら、どんな力がほしいですか？

ゲームにして遊ぶ

長男は主に自宅で仕事をしているため、家事育児にも積極的に参加しています。限られた時間の中で、できることをゲーム感覚で楽しんでいるようです。「風呂を沸かしている間に、溜まった洗濯物をどれだけ畳めるか一人選手権」や「洗った食器を美しく水切りカゴに配置できるか一人選手権」など。息子が一番楽しんでいるのはロボット掃除機との掃除対決。機械相手に「ロボットが人間に勝つなんて100億年早いぜ!」と吐き捨て、ライバル意識をメラメラさせながら、圧倒的なスピードと精度で部屋を掃除するんだとか。面倒くさいことでもゲームだと思えば楽しめます。

例えば、立体駐車場でなかなか場所が見つからない時、たった一つの空いている場所を見つけるゲームだと思ったり、出かけようとして鍵やメガネ、携帯電話などが見つからない時、かくれんぼの鬼になって「どこに隠れてるの〜？」と探すゲームだと思えば、精神衛生上もいいですよね（笑）。

物語の主人公になって遊ぶ

私が40歳の頃、カルチャークラブのメンバーに意地悪をされたことがあります。私より少し年上のKさんは、私が言うことなすことすべて否定してきました。「寒い」と言えば「寒くない」と言い、私がちょっと英語のフレーズを使うと「日本語を話しなさいよ！」と睨みつけるのです。

その目の鋭さに一瞬、体が凍りつきました。学生時代ならともかく、大人になってそんな嫌がらせをする人は初めてだったのです。でも同時に、その状況を外から眺めている、もう一人の自分がいました。

「まるでドラマみたい～。」

そして思い出したのがシンデレラに出てくる、あの意地悪な継母です。シンデレラをばかにしたようなあの口調がそっくり。

ということは……私は「シンデレラ?!」

突然見ている景色が変わりました。「彼女は、私を引き立てるためにひどいことを言っているのだ。あれは彼女のセリフなんだ」そう思ったとたん、彼女がかわいそうになりました。

シンデレラはいつも美しく、心優しい。

「何なの、この仕打ちひどいじゃない！」と怒ったり、継母に向かって「こんなこと許されると思っているんですか！」などと言い返したりしないのです。

「私はシンデレラ（にっこり）」

どんなに辛辣な言葉を浴びせられても、私はいつも穏やかに優しく接していこう。不思議なことに舞台だと思って演じると、心に余裕ができてきます。私がいつも笑顔で接しているうちに、Kさんの態度も変化してきました。少しずつ話をするようになり、そのうち悩みも相談してくれるまでになったのです。私のことを「マーサ先生」と呼んだ時は、椅子から落ちそうになるくらい驚きました。

物語の主人公になって遊んでしまいましょう！　意地悪な継母がいるからシンデレラの優しさが際立つのです。悪役は話の引き立て役。自分は物語の主役だと思うことで余裕が出てきます。

PLAYという言葉には、「遊ぶ」という意味の他に「演じる」という意味もあります。ドラマや映画の役になってみてください。時代劇のサムライになっても、皇室の王女のようになって振る舞ってもいいのです。その時に、その背景（掘っ立て小屋、吹雪の中、ボクシングのリングなど）やテーマソングを想像すると演じやすくなります。

義父の七回忌を斎場で家族8名で行った時のことです。お墓参りをして戻ると、斎場の30名ほど入る部屋に、二つのテーブルを繋げて食事が用意されていました。だだっ広い部屋にテーブルが二つだけ。

実家でやればよかったという思いがよぎり、「広すぎてちょっと寂しいわね」と次男に言うと、意外な答えが返ってきました。

「いや、貴族になった気分だよ」

思わず笑ってしまいました。確かに映画などを見るとそうですね。同じ状況でも、別の人物になれば面白がれることに気づかせてくれました。

言葉で遊ぶ

夫は結婚した時、超真面目サラリーマンだったのですが、今では私の影響かダジャレ大好き人間です。私が本の執筆が進まず「全然書けな～い！」と叫ぶと「変だねぇ。恥はいつもかいているのに……」

ダジャレを馬鹿にする人もいますが、音が同じ言葉を思い浮かべるのは、とてもいい頭の体操になります。では、問題です。言われた言葉を使って相手に返してみてください。

①夏、車の助手席で自分の足を見ながら母親が言いました。
「私も叶姉妹のような美しい足になりたいわ〜」

あなたは何と答えますか。ヒントは「かのう」です。

②ひざが痛いという夫に妻が言いました。
「体重減らさないとね」

夫は何と返しますか。ヒントは◯◯を減らす。

①の回答「それはふかのうでしょう」
②の回答「口数減らさないとね」

妄想で遊ぶ

通勤中や待ち合わせ中に、人間観察をしてみてください。

40代のM君、電車で女子高生が、自分が持っているのと同じ英語の参考書を読んでいるのを見て、思わず声をかけました。

「この本、めっちゃいいですよね！」

女子高生はちょっとびっくりしたようでしたが、にっこりして「そうなんです。この本わかりやすくて気に入ってます」

「僕もです。もう2回目なんですよ」

二人はすっかり意気投合してしまいました……。なーんて妄想を楽しんでいたようです。同じ参考書を読んでいるのを見ただけでした。電車やレストランで人間観察して、その人はどんな人なのかと妄想するのも、ユーモアセンスを磨くのにとてもいいです。

本章では、「笑う」「集める」「遊ぶ」をキーワードに、ユーモアを習慣づける方法を紹介しました。習慣というのは、長い間繰り返すことで、それが決まりのようになることです。ユーモアが習慣になっている状態って、なんだかワクワクしますよね！　ユーモア体質になって、ごく自然に周りの人たちと楽しく過ごしている自分を妄想してみてください。笑うこと、集めること、遊ぶことを繰り返して、着実にユーモア体質に近づいていきましょう。

第4章 いざ、ユーモアコミュニケーションへ

ユーモアの習慣が身についたら、いよいよコミュニケーションに活かしていきましょう！　ユーモアと書かれた扇子、今年も暑くなりそうなので重宝しますよ〜。ここで「にやっ」と笑えた人はユーモアセンスが磨かれたきたのでしょう。遊び心は十分ですね！

ユーモアコミュニケーションには、遊び心の他に、もう一つ大切なものがあります。それは、**おもてなしの心**です。相手を楽しませたいという**思いやりの気持ち**です。面白いことを言うだけが、人を笑顔にする手段ではありません。相手の話に一生懸命耳を傾けるだけでも、

相手の緊張がゆるんで笑顔になっていくことがあります。

この章では、ユーモアコミュニケーションの場で心がけたい「よく聴く」「褒める」「パッと言う」を紹介していきます。

1 よく聴く

アクティブリスニング（傾聴）という言葉を聞いたことはありますか？ その第一人者・澤村直樹氏によれば、**アクティブリスニングとは話を聴くことで、相手に「受け止められている」と感じてもらうこと。「自分の存在が尊重されている」と感じてもらえるように耳と目と心を傾けること**です。

私自身、アクティブリスニングのトレーニングを受けるまでは、「聴き方」の大切さに気づきませんでした。話すトレーニングの必要性は感じていましたが、聴くことはしっかりできていると思っていたからです。恥ずかしい話ですが、コミュニケーションがうまくいかない時は、相手側に問題があると思っていました。
ところが、トレーニングを受けてみると、相手の話を聴いているようで意外に聴けていないことに気づきました。次に何を言おうかと待ち構えていたのです。自分でもショックでしたが、実は多くの人たちに心当たりがあるそうです。

話すの反対は聴くことではない。話すの反対は待つことだ。
The opposite of talking is not listening.
The opposite of talking is waiting.

フラン・レボウィッツ

それから「よく聴く」ということを意識するようになりました。聴き方が変わるといろんなよい変化が起きます。例えば、初対面の人とも1時間、2時間と話が続くようになりました。また、相手から「こんなことまで話すつもりなかったのに……」と言われることが増えました。**人は面白いことを言う相手よ**

り、自分の話に興味を持ってくれる相手と話しているほうが断然楽しいのです。

聴くことは人をこんなにも元気にするものなのか。そう気づかせてくれたのは、一人暮らしをしていた夫の母親でした。顔を見に行くと、最初はたいてい弱々しく声もかすれています。しかし、話をしっかり聴いているうちにどんどん声に張りが出てきて、目が輝き、生き生きとしてきたのです。私たちが帰る時にはもう別人です。最後は一緒に大笑い。聴くことで相手が元気になり、最後は声を出して笑ってくれる。聴く力を実感した最大の出来事でした。

ユーモアコミュニケーションの達人になるために、まずは温かい聴き手になることから始めましょう。そして次に楽しい聴き手、相手を面白くする聴き手を目指しましょう。

関心と感心が肝心

父（82歳）の同級生6人が、父の見舞いのために家に来てくれた時のことです。料理を出したり、お皿を片づけたりしながら、当たり障りのない会話をしていたのですが、Sさんが突然、「お嬢さんは、ユーモアのクラスを開いてられるそうですね」と話しかけてくれたのです。クラスのことを話すと、とても興味深そうにソファから身を乗り出して聴いてくれました。

「そうなんですねぇ」と頷きながら、とても感心したご様子。私がしていることに関心を持ってくれた上に、感心までしてくれる。これほどうれしいことはありません。もしも私が看護師で、この方々の担当だとしたら、迷うことなくSさんに一番時間をかけて、丁寧にお世話をするでしょう。

相手の「好き」を見つける

相手の関心事を見つけることは、相手の心を開くきっかけにもなります。英語教材製作者の石渡淳元さんは、中学生の家庭教師をした時の経験を次のように話してくれました。

大学時代、個性的な中学生の家庭教師を引き受けたことがありました。ご両親の説明によると、学校には行っているけど、友だちがまったくいなくて、毎日まっすぐ帰宅すると部屋に引きこもってしまうのだそうです。

「先生、無理に勉強を教えなくていいです。どうしても勉強をしないようなら、お兄さんのような存在として、仲よくしてくださるだけで結構です」

いったい、どんな子なのだろう。初日はとても緊張したことを覚えています。初めて会った時、彼は一言も話さず、目も合わせてくれませんでした。途方に暮れて勉強部屋を見回すと、本棚には『キン肉マン』の漫画がずらり。思わず「キン肉マン、好き?」と聞いてみたら、その瞬間、ほんの少しですが、彼の表情が柔らかくなったような気がしました。最初の授業で私が発したのは、その一言だけ。少し離れたところに座ったまま、ぼーっと本棚や壁を見ているうちに、授業時間終了。結局、彼は「うん」すらも発してくれませんでした。

お金をいただいているのに、座っているだけ……そりゃ、どう考えてもダメでしょう！　そう思った私は、翌日から『キン肉マン』の単行本を第1巻からむさぼり読みました。彼の気持ちを知りたいという一心でしたが、読んでみるとこれがなかなか面白いんです。子どもの漫画とばかにしていましたが、大学生の私が読んでもかなり楽しめました。

読み進めるうちに、主要なキャラクターに親しみが持てるようになりました。彼からしたら、初心者に思えるようなつたない感想を伝えるようにしました。

「この超人、ロビンマスクより強そうだね！」

「この時のキン肉マンの顔、笑っちゃうよね！」

すると、「うん」「はい」から始まって、「いまはそう見えるけど、この後ね……」などと、少しずつ話をしてくれるようになり、笑顔も見せてくれるようになったのです。

ご両親のご希望を尊重して、仲よくなることを優先したのが、結果的によかったようです。『キン肉マン』の話で盛り上がるようになると、少しずつ勉強にも取り組んでくれるようになりました。学校の勉強は私が先生ですが、『キン肉マン』は彼が私の先生になってくれました――。

石渡さんは中2と中3の2年間を受け持ちました。成績が悪くて、最初は担任の先生も受験に否定的でしたが、結局、どう考えても無理と言われた私立高校に合格することができ、本人、ご家族と喜びを分かち合ったそうです。

相手の好きなことを見つけ、それを尊重する。すると安心感が生まれ、もっと話したいという気持ちになるのです。相手が大切にしている気持ちをこちらも大切にする。それが傾聴の基本的な考え方です。

躊躇せずに質問する

相手の得意なことを尊重して話を盛り上げるには質問が大事です。息子が学生時代に入院していた病院の病室に、斉藤さんというとても親切な65歳の男性がいました。私が横浜から来たというと、昔、東京オリンピックの時、ショベルカーの運転手をやっていたと話してくれました。人生初のショベルカーの運転手さんとの会話です！

「どうしてショベルカーの運転手になろうと思ったんですか？」

「ショベルカーの免許ってどうやって取るんですか？」

「大きな機材を持ち上げる時、怖くなかったですか？」

興味が湧いたことや、わからないことはどんどん質問しました。いつの間にか話題は仕事から家族になり、家を継いだ義理の妹さんの話や、自衛隊員になった息子さんの話、最近小学校に上がったお孫さんの話。気がつくと1時間超も会話していました。斉藤家の家系図が書けるくらい（笑）。今振り返ると斉藤さんの**得意なことに耳を傾けたことで、安心して心を開いてくれたの**かもしれません。

最初は、ほとんど目を合わせてもくれなかった斉藤さんが、最後は、私をまっすぐに見ながら笑顔で話してくれました。相手に興味を持って質問していくと、こんなにも距離が縮まるのだと感じました。

引っ込み思案だった頃の私は、自分の無知を知られてしまうのが怖くて質問ができませんでした。

「こんなこと聞いたらばかにされるのではないか」

「個人的なことは聞いてはまずいのではないか」

いろんな声が頭をよぎり、質問できずにいました。その考えが変わったのは、アメリカ留学中のことです。アメリカの授業では「こんな簡単なこと聞くの?」という質問でも、みんなが手を挙げて聞いていたのです。そのうち質問しないと、相手の話に興味がないとみなされることに気づきました。日本の学校では、話を受け身で聞くことが多く、最後に「質問は?」と言われても、手を上げる人はほとんどいませんでした。

その点、アメリカではこんな言葉をよく聞きました。

There is no such thing as a stupid question.(馬鹿な質問なんて一つもない)

多民族国家で習慣も文化も違うため、質問しあってお互いを理解しようとするんですね。「日本では『以心伝心』という言葉が示すとおり、心のつながりに重きを置いて、あまり語り合うことがなかった。しかし、グローバル化、多様化が進んだ現在、**価値観の違う相手を理解しようと思ったら、会話をしていかなければならない**」と澤村直樹氏は言っています。

相手の話をもっと深く理解したいと思うと、わからないことが出てきます。私の質問の中には幼稚な質問もあったはずですが、今まで初対面の相手に、その人の得意なことを質問して嫌がられたことはありません。**関心と感心を持って教えてもらおうという態度で、遠慮しないで質問してみてください。**わからない言葉が出てきた時も同じです。意味がわからないまま聞いていると、曖昧な返事や表情になってしまい楽しい会話になりません。

アイコンタクトは愛のコンタクト

会話は相手と目を合わせるところから始まります。と今では言えますが、私も最初はアイコンタクトが苦手でした。特に男性。外国人だったらなおさらです。

アメリカの大学で、初めて話した男性は、マイケルというカーリーヘアで青い目のギリシャ神話から出てきたような人でした。私の心臓はドキドキ。私がつたない英語で話している間中ずっと、私のことを見つめていたからです。

「好きなのかしら、私のこと?」

とんでもない勘違いでした。アメリカ人は、誰と話す時も相手の目をじっと見るのです。私たち日本人が、お礼を言う時、思わずおじぎをしてしまうように、アメリカ人にとっては、アイコンタクトと喋ることが、ワンセットになっているようでした。車の後部座席に座った時、アメリカ人の友人が運転しながら何度も後ろを振り返るので怖くてたまりませんでした。

「お願いだから前を向いて〜!」

知り合いの日本人の女性がずっとうつむいていて、アメリカ人の主婦が激怒したこともあります。

「いったい、何なのよ! 私のことを一度も見なかったじゃない!」

普段はとても穏やかなアメリカ人の友人が怒り出したのには、本当に驚きました。アメリカでは、人が話している時にその人を見ないということは、二つのことが考えられると教えてくれました。一つ目は、何かやましいことがあるということ。そして、二つ目は、私はあなたの話に関心がないということです。

アメリカ人の母親が子どもを叱っている時に「私のことを見なさい。あなたに話しているんでしょ！」と言っているのに驚きました。日本人だったら叱られている時に、親の顔をじっと見つめていたら「何だ、その目は！」と怒鳴られそうです。

日本人の会話では、それほどアイコンタクトは強くありませんが、それでも目を合わせない人と楽しい会話はできません。アイコンタクトが苦手な人は、ぜひ聞き手が大勢いる時に、話し手の目を見て聴いてみてください。それに慣れたら、親しい人、安心できる人が話している時アイコンタクトをとってみてください。もちろん笑顔で。

家族でもアイコンタクトをとるだけで、関係がグーンとよくなります。私が話しかけても、新聞から顔を上げずに「ふぅーん」なんて気のない返事をしていた夫が、会社でコミュニケーションセミナーを受けました。その晩のことです。私が話しかけると、すっと新聞を横に置いて私を見て、話を聴いてくれたのです。その目は笑っていました。その時の感動は今でも忘れられません。笑顔で見つめられるだけで、こんなに心が弾むとは思いませんでした。長年結婚していると、空気のような存在になると言われていますが、「空気じゃないんだ！妻なんだ！」そういう気持ちにさせてくれました。そう、アイコンタクトは愛のコンタクトなのです。

目と耳で聴く

アメリカの心理学者アルバート・メラビアンの研究によれば、**相手の表現があいまいな時、人は言葉（バーバル）よりも言葉以外のもの（ノンバーバル）を重視する**そうです。相手がどんな表情で言っているのかを確認するのはとても大事です。目がきらっと輝いたら話したいテーマです。逆に顔が曇ったら言いにくい話なのかもしれません。

相手が大切にしていることは何だろうと関心を持って、じっくり目と耳で聴くと、その人ならではの体験談を聴かせてもらえます。高校の演劇部で音響をやっていたというMさんを例に挙げます。中学の時、放送部でとても充実した毎日を送っていたMさんでしたが、高校では演劇部の部員が少ないというので頼まれて入部したそうです。話を聴いていたユーモアクラスの参加者は、演劇の練習方法や劇の内容など、演劇に関する質問をしました。そのやりとりを見ながら思い切って「そもそもどうして音響をすることになったの？」という質問をした時、Mさんの様子が変わりました。
「劇に音楽が加わるとまったく別物になるんですよ！」（Mさんのテンションが上がり始める）
「アラジンのカーペットに乗る場面は、『A whole new world』が流れるからいいんです！」（Mさんの目は輝き、みんなが吸い込まれるように見つめる）
相手の話し方に注意すると表情、声のトーン、言葉の端々にヒントがあります。演劇をやりたかったのに……という残念な感情は、Mさんからまったく感じられず、演劇よりも音響に興味があったのかもと思ったのが大当たりでした。
今まで数多くの方に質問させてもらって感じたことは、誰もが語るべき素晴らしいストーリーを持っているということです。でも自分からはなかなか言い出せない。だから質問してくれる人がいると、「♪もう どうにも 止まらない～」になるのですね。話す人もうれしそうだし、聴くほうも楽しい。相手も自分もハッピーになる質問をするために目で聴いてみましょう！

一言目は受けとめの言葉

傾聴の基本でもっとも有効な原則は、一言目は受け止めの言葉で始めるということです。

「今日は大変な一日だった！」「私だってくたくたよ」

「この絵すてきね」「どこが？　子どもが描いたような絵じゃないか！」

そう言われたこと、言ってしまったことはありませんか。相手が発見したことをうれしそうに言ってきた時、「それ常識だよ」とネガティブな受け止めが癖のようになっている人もいます。でもよく考えてみてください。否定されたことに対して、相手があなたによい印象を持つことはありません。喜んでいることを受け止める。**まず、一言目は受け止めましょう。受け止めの言葉には、「そうだね」「そうだったんだね」「そうなんだ」などがあります。**これを意識するだけで会話が穏やかになります。

息子が高校生ぐらいの頃、家に帰るなり、学校の先生に対する文句を言ってきたことがあります。その乱暴な言い方に「そんな言い方しちゃだめでしょ」「ちゃんと話を聞いてなかったんじゃないの?」と否定することばかり返して、そのたびに言い合いになっていました。よかれと思った助言で言い争いになる。そのことを反省して、まずは息子の言葉を受け止めてみようと思い直しました。

「そうだったの。それは嫌だったね」

すると、息子の怒りが少しトーンダウンしました。最初を受け止めの言葉にしたことで、その後も落ち着いて話すことができました。そして、最初こちらが受け止めたことで、私が話すことにも息子が耳を傾けてくれるようになったのです。日常会話でも真面目な人は、自分の考えと違ったり、事実と違っていたりすると、すぐに訂正したくなります。また、意見を求められていると勘違いして、すぐに助言をしてしまうこともあります。**会話の目的が相手と楽しい時間を持つことだとしたら、あまり細かいことにこだわることはない**と思いませんか？
深層心理学によれば、特に男性は共感しながら話をすることに抵抗を感じるそうです。相手の言葉をそのまま受け止めるのは、幼稚だという思い込みがあり、また「そうだね」というだけでは手を抜いている会話に感じるそうです。そして自分のことを言いたくなってしまう。相手がアドバイスを求めているのであれば、どんどんアドバイスしてあげていい。しかし、相手が共感してもらいたい、気持ちをわかってもらいたいと思っている時は、やはりその気持ちに寄り添うことが大事になります。

ギスギスした会話になりがちだとしたら、「でも」という言葉を使うことが多いのかもしれません。「でも」は否定語です。「でも、それは○○だからね」「でも、○○の場合もあるからね」。でも、でも、でも……と否定され続けては、話すほうも嫌になってしまいます。

人には「NO」と言われると、「YES」と言わせたくなる心理があるそうです。「そうだけど、○○だったんだから」と、こちらも抵抗して言い合いになったり、この人に話してもわかってくれないと感じて、黙ってしまったりしたことはないですか。一言目は受け止めの言葉と意識して、温かい聴き手を目指してみてください。

表情、リアクションは大げさに

「アメリカ人のデブラと話すと、どうしてこんなに楽しい気分になるのだろう?」と考えてみたことがあります。その理由の一つは大きな表情、リアクションでした。**楽しい雰囲気を作るには表情、動作の変化が必要です。**失礼があってはいけないと真剣なまなざしで聴きすぎると、相手はかえって緊張します。顔だけではなく体全体で面白そうに聴くと相手も乗ってきます。

そこで少しでも面白いと思ったら、「すごく面白い!」という顔や態度を示してみてください。最初は練習のつもりで、「ほんとですか?」「すごいです!」「やりましたね!」などと大げさなリアクションをとることから始めます。

面白そうに聴くふりでも構いません。わざとらしく見えて「急にどうしたのよ！」なんて言われるかもしれませんが、興味を持たれて嫌な人は少ないはずです。そのうち自然な振る舞いになっていきます。それにユーモアクラスで気づいたのですが、自分が少し大げさにやったと思っても、周りからしたら意外にそれが普通ぐらいに感じるものです。

楽しい会話の基本は笑顔ですが、ずっと笑顔でもメリハリがない。相手の気持ちに寄り添って、表情で感情を出してみましょう。特に「びっくり顔」は笑いが起きやすい雰囲気を作ってくれます。

ビックリの力

ユーモアクラスの参加者の感想を紹介します。

「驚いてくれると『こんなことでビックリしてくれるなら、あのことも話しちゃおう！』とどんどん調子に乗ってしまいます」

「ずっと無表情だった相手が『それいいアイデアですね！』と眉をあげて目を大きくした瞬間、気持ちが明るくなり、距離が縮まったのを体験しました」

会話ではバーバル（言葉、文字）よりも、ノンバーバル（姿勢、表情、視線、ジェスチャー、声のトーンなど）のほうがパワーがあります。心の中で驚いていても、表情に出なければ相手には伝わらないのです。

♪驚いたら態度でしめそうよ。ほらみんなで眉上げよう！（「幸せなら手をたたこう」の曲で）

「別に驚くほどのことじゃないし……」と戸惑った人に伝えたいのは、**大事なのは相手への気配り、おもてなしの心**だということです。びっくりした顔は、「すごいですね！」「知りませんでした！」「感心しました！」といった**相手を立てるメッセージを、言葉を使わずに送っている**のです。

そして、ビックリ顔も笑顔と同じく練習できます。ポイントは眉を上げて目を大きく見開くこと。顔の皮膚は重力で自然と下がっていくので（だんだん口がへの字になるように)、上げるには筋肉がいります。笑顔の練習(楽しいことを思い出して口角アップ)とともにぜひ「びっくり顔」も練習してみてください。せっかくなので、Wow! Really? という言葉とともにどうぞ。

深刻に聴かない

人の話を聴くのが楽しいと思えるようになったら、いよいよ笑いが起きるような聴き方を紹介します。これは遊び心とおもてなしの心があると自然に出てくるものです。一つの例をご紹介します。

数年前、自治会の役員をしていたときの話です。班長の一人田中さんは70代の男性。班長は自分の班のメンバーに、会報誌を配るのが役割でした。杖を使って歩いていたので、心優しい私は(笑)、田中さんの代わりに会報誌を班のメンバーに配ることにしました。それなのに、田中さんからは「ありがとう」の一言もない。態度も偉そう。聞いてみると息子も娘も同居しているけど、二人とも忙しいんだとか。まるで私が手伝うのが当然のような態度です。

「冗談じゃないわよ」

私は手伝うのをやめました（大して優しくない）。

ある時、田中さんが留守だったことがありました。翌月、思わず「先月いらっしゃらなかったのですね」と言ってしまったのです（うー、憎らしいおじさんなのに……）

二人の会話です。

田中さん「たぶん買い物に行っていたんだろう」

私「えっ、ご自分で買い物に行かれるんですか?」

田中さん「そうだよ。足が悪いからゆっくり歩くんだよ。目も悪いから大きな虫眼鏡を持って、一つ一つ見ながら買うんだ」

さて、皆さんだったらここでなんと返すでしょうか？　私には、一つの映像が浮かびました。

私「まるで名探偵コナンみたいですね！」

その瞬間、田中さんの目がキラッと輝きました。

田中さん「そうだよ。信号だって色がわからないから、車が止まるのを見てからじゃないと横断歩道を渡れないんだ」

私「うわぁ、スリリングですねぇ！」

一緒に笑ったら急に距離が縮まりました。おそらくほとんどの人は、「大変ですねぇ」と同情すると思います。でもちょっとした遊び心で親しくなることがあります。それからは、話がどんどんはずみました。得意な料理の話、フランス留学時代の話。田中さんは、実は大学で芸術論を教えている教授だったのです。たまに女子大生が何人か遊びに来ることもあるとのこと。20分以上話して、最後にこう言われました。

「あんたもよかったら今度お茶でも飲みにきなさい」

憎らしいおじさんが優しいおじさんに変わっていました。

ここまで「温かい聴き方」「楽しい聴き方」「相手を面白くする聴き方」についてお伝えしてきました。**コミュニケーションが上手くいくかどうかは話し方以上に聴き方が影響します。**

ぜひ「聴」の漢字のように耳と目と（遊び）心をプラスしてユーモアコミュニケーションを楽しんでください。

2　褒める

僕は素敵な褒め言葉をもらったら二カ月はやって行けるね。
I can live for two months on a good compliment.
マーク・トゥエイン

力をくれる褒め言葉

アメリカの大学に入学したてのことです。心理学の中間テストで赤点をとってしまいました。

「どうしよう……大学からキックアウトされるかもしれない」

私は頭が真っ白になりながら、教授のオフィスを訪ねました。怠けて点数が悪いわけではないことを先生にわかってもらいたかったのです。とにかく質問しようと行ったものの、英語力が低すぎて、何を聞いたらいいのかもわからない状態でした。ドイツ語訛りの英語は半分もわかりません。ところが、なぜか次の言葉だけははっきり聞き取れたのです。

You must be smart.（君は本当は賢いに違いない）

点数が悪かったのは、英語のせいで君は本当は賢いんだと言ってくれたのです。must beというのは、「違いない」「きっと〇〇だ」という意味です。

「○○しなくてはいけない」ではないですよ。（ミニ英語レッスン）

それまで私は、人に褒められたことがありませんでした。しかし、そのわずか4語が、打ちひしがれた私を奮い立たせてくれました。なんたって、心理学の教授のお言葉ですから！

教科書は電話帳のように分厚く、3行読むごとにわからない単語を辞書で引きます。こんなやり方で次の試験に間に合うのか。しかし、不安な気持ちにつぶされそうになった時、教授の言葉が耳の奥でこだまします。

You must be smart smart... smart...

私はほうれん草を食べたポパイのように力こぶを見せ、「期末試験カモーン！」と「電話帳」に立ち向かったのでした。おかげで落第は免れ、勉強を続けることができました。たぶん教授本人は、次の日には自分が言った言葉を忘れていたことでしょう。それでも何気ない褒め言葉が、こんなにも人に勇気を与えるのです。

　アメリカ人は気軽によく褒めます。きれいな服を着ていたら、「ビューティフル！」「よく似合ってるね！」。料理を口に入れた瞬間「おいしい！」。仕事の報告をしている最中に上司が言ってくれた「グッジョブ！」。どれもうれしいものです。

　それに比べて日本では、「いいね！」と心の中で思っていても、なかなか口に出さない。それは本当にもったいないことです。褒めることが苦手なのは、話す前にいろんなことを考えてしまうからかもしれません。でも褒められて悪い気がする人はいません。ただ、褒められることに慣れていないだけなんです。ですから、くじけず、あきらめず、褒め続けてほしいのです。

褒めるのに慣れてきたら、褒められ上手にもなりましょう。褒められたら「そんなことないわよ」とか「安物ですから」とか「もうずっと前から着てますから」などと言わずに、ニコッと笑って「ありがとう！」「うれしいわ〜」と言ってみませんか。褒めた人も否定されると、褒めて損した気持ちになります。

そして褒められるのに少し慣れてきたら、ユーモアを交えて「やっぱり!?」「私もそう思ってたんですよ」「よく言われるんです」とちょっと気取って言ってみましょう。きっと楽しい笑いが起きます。

目についたものを褒める

帰国子女のクラスでアシスタントをしていた時のことです。最初は小学1年生の子と、どんな話をしたらいいのかわかりませんでした。

「好きな科目はなに？」

「……別にない」（つまらなそう）

「担任の先生はどんな先生？」

「……鈴木先生」（席から離れようとする）と全然盛り上がらない状態でした。

相手と楽しい時間を持つには私次第！　そこで、よーく相手を観察して、
ちょっとでもいいなと思ったことがあったら、褒めるようにしてみました。その日は、クラスでも一番大人しい小学3年生のモニカが相手でした。

「そのTシャツ素敵ねぇ。どこで買ったの？」

「西友」

「西友いいねぇ！　私も西友だーい好き。何か他に買ったものあるの？」

「ポケモン人形」

「へぇ～部屋に飾るの？」

「うぅん、それで戦ったりして遊ぶの」

私が好奇心いっぱいの目で聞くと、「○○のキャラクターと△△のキャラクターがあって……」と興奮して話し出したのです。

うれしそうに話している姿を見ていると、こちらまで楽しい気分になってきました。自分が好きなことを話す時ってみんな輝くのですね。

相手を楽しませたいと思って最初にできることは、相手を褒めること。洋服、持ち物、話し方、表情、使う言葉、探せば必ず何かしらあるということに気づきました。

「かわいいTシャツね！」

「カラフルなバッグ！」

「英語上手だね！」

コツは文字にした時に「！」が出るように気持ちを込めて褒めること。相手が笑顔になり、それを見て自分も笑顔になります。シニア英会話クラスでは、最初にホメホメタイムがあります。お互いに着ているもの、身につけているものを褒め合うのです。もちろん、笑顔やヘアースタイルを褒めてもOKです。ポイントは表情を大げさにして褒めること。日本語だと照れてしまう人もいますが、何回もやっているうちに慣れてきます。

♪ホメホメハー、ホメホメハー、ホメホメホメホメハー（ハメハメハ大王の歌でどうぞ）

褒め上手を目指しましょう！

嫌いな人も褒めると変わる

今から15年くらい前のことです。近所のクリーニング屋さんに一人とっても感じの悪いオバサンがいました。いつもぶすーっとしていて、その不機嫌な顔を見るたびに、こっちも気分が落ちてしまうのです。そのおばさんが担当の時は、暗く重たい気持ちで店を出ていました。

ある日、そのクリーニング屋に行くと運悪く、そのおばさん。

「あ〜今日はツイてない」

そう思いながら、洋服を袋から出しているおばさんの手を何気なく見ると爪に美しい桜の花が！

「うぁ～きれい！」

口がすべってしまいました（笑）。すると、不愛想なおばさんが恥ずかしそうに笑ったのです。その笑顔のかわいいこと。

「どこでやってもらったのですか」

「こういうのってどのくらいの時間がかかるのですか」

「お皿洗いするとき剥がれたりしないんですか」

次から次へと質問してしまいました。自分の唯一の楽しみはネイルアートだということ、家事は母親がやってくれるからお皿洗いはしなくていいこと。その他、ネイルアートについていろんな話をしてくれました。

「それじゃ、明後日ですね」

その日、店を出た私の体重は半分になっていました（笑）。気持ちがとっても軽くなったのです。

「うぁーきれい！」

たった一言褒めただけで相手が笑顔になり、そこから会話が始まり、私も笑顔になれました。**嫌だなと思う人でもどこかにいいところがあるはずです。**実験だと思ってぜひ褒めてみてください。私とクリーニングのおばさんのように関係が改善することを祈っています。

質問や意見を褒める

アメリカの大学に入学する前に、日本人は数学が得意だから、まずは数学の授業をとるように言われました。その授業で先生が生徒に質問があるか聞くと、5、6人が勢いよく手を挙げました。質問内容は日本の中学校で学ぶようなことだったのですが、その時の先生の返事に驚きました。

「いい質問だねぇ！」

まさに池上彰さんです。「バカな質問なんて一つもない」という言葉をアメリカではよく聞きました。多民族国家ですから、言葉でお互いに理解し合うということが大切です。

ユーモアセンスのある日本人の友人も、小学校の先生に「人と違った意見を言うことはいいことだ。それはあなたが自分で考えたことだから、どんどん言いなさい」と指導されたことを話してくれました。どんどん言うと、**どんどん褒めてくれるので人と違う見方を探し、複眼的な視点が磨かれた**のだそうです。

ユーモアクラスでは創造力を鍛えるブレインストーミングをするのですが、その時、出てきたアイデアをすぐに褒めるというルールを設けています。なぜなら、**すぐ褒められないと発言者がおじけづいて、消極的になってしまう**からです。教育革命実践家の藤原和博さんも、ブレインストーミングの方法に触れて、「ばかなアイディアが出たときにすぐに褒めること」とおっしゃっていました。

褒める勇気を持つ

ユーモアクラスのメンバーからうれしい報告を受けました。

デパ地下でシジミを売っているおばさんの肌がつやつやで、「すごいつやつやだなぁ」と思ったJさん。そのまま別の売り場に行き、でもやっぱり気になったので戻って、おばさんに「どうしてそんなに顔がつやつやなんですか～?」と聞いたそうです。するとおばさん、「え～～!」とほおを赤らめて、「な～んにもしてませんよ～!」と言いながらも本当にうれしそうだったそうです。「シジミいかがですか～!」の声も急に華やいだ明るいトーンに(笑)。

いいと思ったら声に出して相手に伝える。簡単なようでなかなかできません。勇気がいります。いったんタイミングを逃すと、そのままになってしまうものですが、戻って伝えたJさんはあっぱれです! もしおばさんが、少し落ち込んでいたとしたらJさんは救いの女神ですね。

あいさつ一言、笑顔、褒め言葉、で気分が一転することがあります。シジミのおばさんは、とても恥ずかしがり屋だったみたいですが、褒められた時、「実は、シジミのおかげなんですよ～」なんて答えられたら商売繁盛でしたね(笑)。

3　パッと言う

アメリカに住んでいた時、アメリカ人は感じたことを反射的に口に出すことに気づきました。

会場に入ったとたん「今日は、すごい人だねー！」

料理を見たとたん「うぁー、美味しそうだね！」

私の顔を見たとたん「オー、ビューティフル！」

最後は残念ながらありませんでしたが、答えはイエス！　気持ちもイエス！　共感できるとそれだけで距離が縮まります。**コミュニケーションを面白くする最大の秘訣。それは失敗することを怖がらず、思ったことをパッと言うこと**なんです。パッと見て、パッと言う。パッと聞いて、パッと言う。大事なのはタイミングです。そして、もちろん「よく聴く」「褒める」でつちかったおもてなしの心も。ネガティブなことは口に出さないでくださいね。

パッと言って初対面の外国人と楽しい会話をした人がいます。60歳を過ぎてから英会話を学び直したいとレッスンを始めた主婦のMさんです。実は最初は英語恐怖症でした。外国人と片言の英語で話したのが楽しくて、英会話を習い始めたのですが、ちょっとした英語のミスを恐れるようになり、言葉がなかなか出てこなくなってしまったのです。そこで間を置かずに話す練習を何度もしました。ある日、レッスンに満面の笑みで来られたので理由を聞くと、旅行先の京都で外国人と英語で話したとのこと。バス停で声をかけたそうです。

Where are you from?（どこの国から来たのですか？）
England.（イギリスです。）
Very far！(遠いですねぇ！　相手はにっこり)
How long you stay in Japan?（どのくらい日本にいるのですか？）
Three weeks.（3週間です）
Very long！（長いですねぇ！　相手はにっこり）

1
England.
Where are you from?
2
ニッコリ
Very far!
3
Three weeks.
How long you stay in Japan?
4
ニッコリ
Very long!

「短い時間だったけど、とっても楽しかった！　お寺もいくつか見たけれど、このイギリス人との会話が旅行のハイライトだったわ！」とうれしそうに話してくれました。ご主人からも尊敬のまなざしで見られたとか（笑）。

「今まで正しい英語を話さなくっちゃって構えてたけど、感じたことをタイミングよくパッと言うのが大切なんですね！」

彼女はきっと、Very Far! も Very Long! も顔いっぱいで表現していたことでしょう。

感じたことをパッというと不機嫌な顔が笑顔に変わることもあります。

銀行に用事があり、車で行った時のこと。立体駐車場前にむすっとしたおじさんが立っていました。「そのまま、まっすぐ」と言われ、恐る恐るゆっくり車を中に入れ、（立体駐車場は滅多に停めないので緊張します……）外に出ると、黙ったまま一枚の紙切れを渡されました。

銀行で用事を済ませて戻ると、おじさんは相変わらず無表情のまま。「いったい何台くらい停められるのだろう」とふと見上げると、そびえ立つ駐車場！　私は思わず、いつものハイテンションで、「すっごーい！　これ何階建てなんですかぁ！」と大声をあげてしまいました。するとおじさん、ニコッと笑って、「何階建てってこたぁないけど、8階だな」と答えてくれました。その笑顔を見たとたん、なんだかうれしくなっちゃいました。笑顔になるだけで、どうしてこんなに人の印象って変わるのでしょうか。**面白いことを言わなくても、ちょっとした一言で笑顔になる**のだと、駐車場のおじさんを見て思いました。

では、パッと見て、パッと言うための練習法を紹介しましょう。見て感じたことをすぐに言葉にする練習です。

ルック＆トーク

まずは写真や絵、スライドを用意します。スマートフォンの写真でも構いません。目に付いたものについて即興で話してもらいます。その時、絵の説明をするのではなく、その絵を見て感じた気持ちを言葉にするのです。

例えば、桜の写真だったら「きれいですねぇ。去年○○にお花見に行った時のことを思い出します」

ジェットコースターだったら、「あ〜、これ私は苦手なんですよ〜。よく乗れるなぁといつも感心しています」

では左ページの写真を見て30秒ぐらい話してみてください。

単語でトーク

ワンワードを選んで即興で話す練習です。なるべく軽い話題を選んでください。時間は20秒から30秒ほど。ポイントは笑顔で楽しそうに話すことです。「ルック&トーク」も同じですが、感情を込めて話すと楽しくなります。

ではやってみましょう。

◎ルック＆トーク
写真を見て、即興で話してみてください

（………………）

（………………）

（………………）

（………………）

トランプの裏に一つの単語を書いたポストイットを貼ります。トランプのようにカードをよく切って、めくったカードに書いてある言葉について話します。例えば、めくったカードに「夏休み」と書いてあったら、夏休みについての思い出を話すのです。

考えこんで言葉が出てこない人は、まずはうれしい感情を作って、「いやぁ夏休みっていいですよね！」で始めてください。面白いことを言おうとしなくていいですよ。

奇想天外グッズ

パッと言うことに慣れてきたら創造力を鍛えましょう。今度はありえない品物をパッと出す練習です。ばかばかしいものをあえて答えてください。例えば「椅子」というお題だったら、「踊る椅子」「笑う椅子」「1ミリの椅子」「頭に

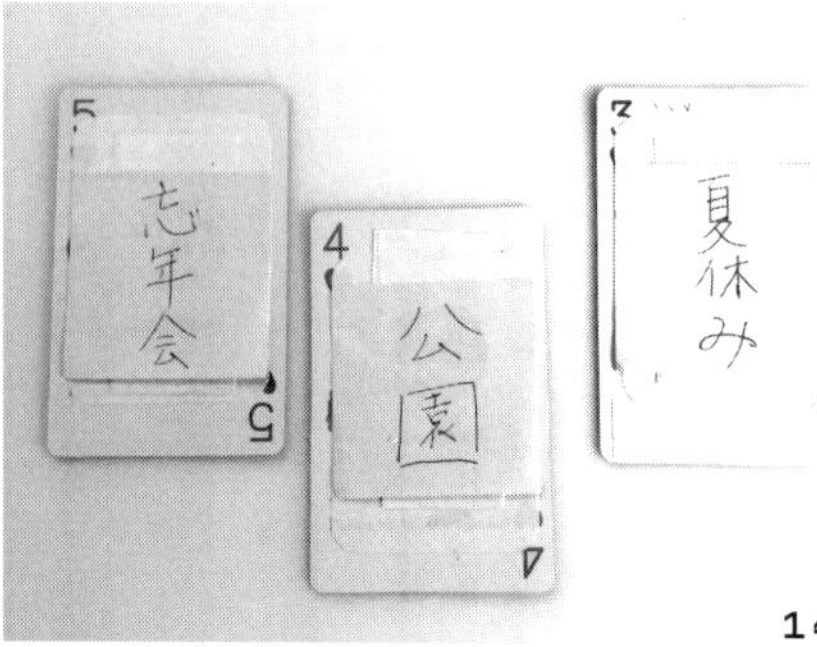

かぶせる椅子」何でも構いません。

グループでやる時は、どんなアイデアも大げさに褒めてください。バカにされたり、「何それ?」という顔をされると、せっかくの創造力がしぼんでしまいます。聞いている人が「いいねぇ!」「それ欲しい!」と褒めるとグループによい空気が生まれ盛り上がります。

相手に乗っかるインプロ

米国ユーモアセラピー協会の総会で、毎年ユーモアセンスに深く関わりがあると紹介されるのがインプロです。

インプロとは、improvisation(即興)の略です。台本を使わず、その場で演技をしながら創作していきます。

なぜユーモアセンスを磨くのにインプロがいいのか。『笑いの治癒力』の著者であり、私を米国ユーモアセラピー協会に導いてくれたアレン・クレイン氏が答えてくれました。

・すばやく考えなくてはならないから。
・深刻に自分を捉えないから。
・自分の言葉や行動を考え直す時間がないから。

その場で、その瞬間、考えたことをとりあえず出すことで、自分でも思いもしなかった面白いアイデアが出てくる時があります。意外な展開になって笑うこともよくあります。逆に笑わせようと思って話すと失敗します。考えすぎて話すと面白くなくなってしまうのですね。

イエス・アンド

インプロの基礎にイエス・アンド（yes and）という考えがあります。**イエ**

ス・アンドというのは、相手のアイデアを受け入れて、そこに自分のアイデアを加えていくことです。

例えばこんな感じです。

「いい天気だからピクニックに行きましょうよ」

「いいねぇ！（イエス）黄色のバスケットがあるから、それに食べ物を入れていこう！（アンド）」

「いいわねぇ！　昨日焼いたしゃけが残っているから、それをおにぎりにして持っていきましょうよ」

「いいねぇ！　じゃあ、せっかくだから普通のおにぎりじゃなくて巨大おにぎりにしよう！」

どんどん話を膨らませていきます。最初は「いいねぇ」と言いながら話をつないでいきますが、慣れてきたら、いちいち「いいねぇ」という言葉を使わず話していきます。

これは相手の話に乗る、とてもいい練習です。普段の会話を振り返ってみてください。イエス・アンドではなく、イエス・バット（yes but）になっていませんか？

「いい天気だね！」「でもあそこに雲があるよ……」

「このアイディアはどうだろう？」「いいけど、金がかかりすぎるよ……」

人は自己防衛のために、ついつい否定的なことを言う傾向があるそうです。

一人暮らしの義母に電話をした時のことです。

私　「今日、英語クラスに新しい生徒さんが入会したんですよ」

義母「そうなのねぇ。オリンピックも近いし、英語を学びたいっていう人が増えているみたいね」

私　「そうですけど、その人はアメリカに住んでいたので、英語は上手なんです」

義母はイエス・アンドで返してくれたのに、私はイエス・バットで返してしまったのです。元気づけようと思って電話しているのに、元気をそぐようなことを言ってしまいました。「あまり無理しないようにね」という義母の声は少し寂しそうでした。「あー、やってしまった！」**相手より少し知識があったり、相手の言ったことが事実と違うと訂正しようとしてしまう。**「その人はアメリカに住んでいた」なんていう必要はなかったのです。インプロを始めるまでは、私も相手を否定していること自体に気づけませんでした。

会議やディベートでは自分の主張を伝えるべきですが、日常会話は楽しい時間を過ごすためのものです。**「相手を元気にしたい」「一緒に楽しい時間を過ごしたい」と思ったら、すべてを正す必要はない**ことに気がつきました。

もちろん、話す相手が正しい情報がほしい人、意見を言い合うのが好きな人だったら構いませんが、話すことに苦手意識がある人、シャイな人、高齢の人、久しぶりに話す家族には、まずはイエス・アンドを意識して受け入れましょう。

アメリカで看護師をしている人から聞いた話です。認知症の患者さんが、すごく寒い日に「外に行きたい」と言い出したそうです。「外は寒いからこんな時に出たらダメです」と否定するといつまでも「外に行きたい」と言い続けるそうです。

そこでイエス・アンドの登場です。

「そうですね。外は寒いから厚いコートを着て、温かくしていきましょうね。帰ってきたらあったかいホットチョコレートを飲みましょう。あ、それなら今あったかいホットチョコレート飲みましょうか」

相手を受け入れ、その話に乗っていくことで、相手とのいい関係を持続でき、なおかつ方向を変えることができれば最高ですね。これは認知症の人だけでなく誰とでもできると思いました。

最後に私がユーモアクラスで行う即興ゲームをいくつかご紹介します。

同級生ゲーム

まずニックネームを決める。決められない人は「ハッピー」「ラッキー」

「ミーちゃん」から選ぶ。小学校の同窓会を想定する。実際の年は関係なく全員が同級生になる。そこでみんな顔は覚えているけれど、名前が思い出せず、お互いのニックネームを言い合い、感激するふりをする。

A　（顔は思い出すけど名前が出てこないという顔でBに近づく）

B　（自分を指しながら）「よっしー」

A　（あー思い出したという顔で）「よっしー！」（今度は自分を指して）「しんちゃん」

B　「しんちゃん！」

二人でハイタッチ。

このゲームは初対面の人が多い時にアイスブレイクとして使うと、あっと言う間に仲よくなります。大事なことは「あぁ懐かしい！」という顔をしてニックネームを言い合うことです。一瞬、同級生になったふりをするだけで、距離が一気に縮まります。同級生なので童心に戻ることもできます。

思い出話

同級生になりきって昔話をする。イエス・アンドで、相手が言ったことに「そうだよね。それにこんなことがあったよね」と話をつなげる。

ポイントは、今ではなくて、過去のことを共有することです。よく初対面では、共通点を探すといいと言いますが、これは無理やり共通点を作ってしまう方法です。このゲームをすることで、初対面のメンバーが幼馴染のように仲よくなるから不思議です。

プレゼントゲーム

ペアになって、一人が想像上のプレゼントを決めてパートナーに渡す。もらった人は感謝してその大きさや形でそれが何であるかを言う。
例えば、一人が手のひらに何かを乗っけて、「誕生日おめでとう！」と渡してきたら、「わー、かわいいハムスター、ありがとう！」と答えたり、なんだか大きな箱を渡されたら「冷蔵庫ほしいと思ってたの！」などと答えます。何もないところからイメージするため、観察力、想像力、創造力も鍛えられます。最初は何を言っていいのかわからない人もいますが、「架空の話なので、ほしいものを何でも言っていい」と伝えています。ダイヤモンドの指輪、象、蛇、漬物石……ありとあらゆるものが出てきて楽しくなります。

「よく聴く」「褒める」「パッと言

う」と言うキーワードで、ユーモアをいかにコミュニケーションに活かすか、その方法を紹介してきました。相手の話をよく聴き、褒めることでよい人間関係になり、笑いやすい空気を作ります。そしてパッと言う。楽しい会話にはリズムがあります。

コミュニケーションはキャッチボールと言われますが、ユーモアコミュニケーションを例えるならピンポン。相手を見て、タイミングよく返さないとラリーは続きません。**自分も相手も一緒に楽しもうと思う気持ちが大切です。**

最初は力が入りすぎてしまってボールがオーバーしたり、気を使いすぎてネットを超えなかったりすることもあるかもしれません。でも相手へのおもてなしの気持ちと遊び心を忘れなければ大丈夫。そのうち卓球のラリーのような、弾む会話になっていきます。

第5章 自分を笑う

いよいよ最後の難関を迎えました。前章ではユーモアコミュニケーションを通して「相手」と向き合いましたが、今度は「自分」と向き合います。ここで紹介するのは究極のユーモアです。それは自分を笑うこと。

「え、そんなこと?」と拍子抜けしたあなた！ すでにユーモア体質になっているかもしれないですよ～。もしくは「自分を笑う」ことの重大さがわかっていない可能性があります。

多くの人は自分の欠点や失敗、かっこ悪さを人に知られたくないと思っています。少しでも自分をよく見せたい。さすがと言われたい。嫌われたくない。それはごく自然なことです。しかし、ユーモアの定義を思い出してみてください。

見方を変えておかしみを見つける。

それは自分の弱点についても当てはまります。自分の欠点や自分がやってしまった失敗、うれしくない状況を客観的に見て笑うことを目指します。そうすれば、ネガティブな出来事を、ポジティブな出来事に変えることができます。

ただし、勘違いしていけないのは、**自分を笑うこと=自分をさげすむことではない**ということです。

「あ〜、またやってしまった〜。私はなんてバカなんだ！」なんて自己嫌悪におちいるのではなく、笑ってそんな自分を許してしまうのです。だって人間なのですから、私たち。

逆説的ですが、**自分を笑うことは、ある程度の自信があり、心に余裕がないとできない**のです。自分を笑える人は強い。ここをクリアできたらユーモアの免許皆伝です！（笑）

自分の性質を笑う

夫が仙台の出張から帰ってきた時のこと。お土産のお菓子を差し出してこう言いました。

「これは萩の月」

そして、今度はしゃがんで頭のてっぺんを指し「これははげの月」

わが夫ながらあっぱれな出来でした（笑）。

親父ギャグではありますが、草刈家の子孫に残したいダジャレです。

私の周りには、髪の毛が薄いことを気にしている男性と、それを笑いにしてしまう男性がいます。彼は明らかに後者です。雨が降り始めた時にすぐわかるし、髪の毛を乾かす手間がはぶけるのでとてもいいそうです。

ユーモアの肝は、ありのままの自分を受け入れることです。夫が50代だった頃、病院で薬をもらってくるなりうれしそうに言いました。

「今日、ちっちゃな子どもが『おじーちゃーん』って言って寄ってきてさぁ」

「喜ぶことじゃないでしょー、まだ50代なのにー」とあきれる私。

「いやぁ、大学生の時に席を譲られた以来の快挙だな！」と誇らしげな夫。

それを聞いていた長男も一言。

「おれも中学生の時、灰皿出されて、『ぼく、中学生ですから』って断ったことあるんだよ」

周りの友だちは爆笑したそうです。蛙の子は蛙ということでしょうか（笑）。


『幸せをよぶらく家事』の著者で、エレガントライフ・コーディネーターの市川吉恵さんは、子どもの頃、家族や親しい人たち以外に「素の自分」を見せられなかったそうです。人付き合いも苦手で、周りの人たちが自分に抱いているイメージを崩さないように、演じてしまうことがよくありました。

そんな市川さんが、家事をテーマにした講師をしていた時のことです。雑談タイムが苦痛で、最初の10年間は、面白いことが浮かんでも、相手の反応を考えて飲み込んでいたそうです。ところがある日、レッスン前に前歯がぐらぐらするので、迷ったあげく、そのことを生徒さんに打ち明けました。

「もしかしたら、お話ししている最中に前歯が飛ぶかもしれません。これが本当の『お歯なし』です」

照れ隠しのつもりが、どっと笑いが起きて和やかな雰囲気に。それ以来、自虐ネタを面白おかしく話すことにしたのだそうです。

その後、市川さんは4時間にわたるインプラントの大手術をしました。一挙に5本の抜歯をした後は、痛みと吐き気との闘いでした。でも、そんな時に外から自分を見る余裕をもつのがユーモア。市川さんは「痛みなんかに負けるもんか！」と、歯を食いしばって頑張ろうと気合を入れて気づきました。食いしばる歯がないことに……（あら、やだ。その手術だったよね～）痛みに耐えながら笑ってしまったそうです。自分を客観的に見ることで心に余裕ができ、面白さに気づくことができるのです。

「他人」の外見や性質を笑うことは、テレビのお笑い番組でよく見かけます。しかし、それを日常で真似して誰かを貶めては、その場で笑いが生まれたとしても相手を傷つけてしまいます。配慮のない笑いは危険です。ユーモアとはほど遠いものです。

ただ、**本人が自分を笑えたとしたら、周りも気を遣わなくていいし、その場がリラックスした雰囲気になります。**不思議とその人のことが一回り大きな人間にも見えてきます。

上の立場から降りる

権威を捨てることで人間関係が変わり、コミュニケーションがうまくいった例があります。

米国ユーモアセラピー協会の会員で、TEDスピーカーのポール・オズィンカップ氏が、大学で生活指導をしていた時のことです。男子生徒が酔っ払って教室内の物を壊してしまったので、そのペナルティをめぐって彼と彼の家族を交えた面談をしました。

一度目の面談はまったく上手くいかなかったそうです。男子生徒はほとんど口をきかず、険悪な雰囲気のまま終わってしまいました。その重苦しさを引きずったまま、二度目の面談直前のことです。オズィンカップ氏が面談の準備をしている時、あろうことか、コーヒーカップをズボンにひっくり返してしまったのです。ズボンの股に大きなシミができてしまい、タオルでふいてもすぐに乾きません。仕方なく濡れたズボンのまま、面談の場に向かいました。そして、待っていた家族にこう言いました。

「皆さんの一日は、私よりいい一日だったといいですね。今こぼしちゃったんですよ」

するとと問題を起こした男子生徒が言いました。

「げー、先生もらしちゃったのか〜」

するとみんなが大笑い。緊張した雰囲気は一転して、その日の面談はとてもうまくいったそうです。先生という立場のオズィンカップ氏が情けない自分を見せたことで、生徒との壁がグーンと低くなったのでしょう。

アメリカのコメディアン、ヴィクター・ボーグは「**笑いほど人と人の距離を縮めるものはない。**Laughter is the shortest distance between two people.」という言葉を残しています。恥をかいてはいけない、失敗してはいけない、弱みを見せてはいけない。そうやって自分をがんじがらめにするのではなく、失敗談を他の人に話してみましょう。

まずは信頼できる、一緒に笑える相手に言ってみてください。ここでいう失敗は取り返しのつかないようなことではなく、言い間違い、勘違いのような小さなミスです。

あるスピーチ発表会で、進行役を任された時のことです。楽しい雰囲気を作るために、前振りとして各スピーカーの面白い失敗談を紹介することにしました。事前に電子メールでエピソードを送ってもらったのですが、Tさんからは「どうしても失敗談が思い浮かばない」という返信がありました。彼との電話のやりとりです。

私「Tさんは、聞き間違えたり、勘違いしたりすることないんですか?」

T「そんなのしょっちゅうだよ。今日だって新聞がないから家内に聞いたら、どこに置いたかわからないって言うんだ。『しょうがないな～、まったく! いよいよボケてきたんじゃないか?』そう言って、応接間に行ったらあったんだよ。そういえば、朝の散歩から戻った時に、ポストから出して応接間のテーブルに置いたんだった」

私「それ、とっても面白いじゃないですか～! 偉そうに奥さんに『ボケ』なんて言ってたら、実は自分がボケてたわけですよね。あははは」

照れながらも、褒められて気をよくしたTさんは、早速それを文章にして送ってくれました。翌日には、「このほうがもっと面白くないだろうか」と書き直した文章が送られてきました。Tさんは強面なのですが、そんな一面を知ったら急に身近に感じました。その日の会は、失敗談を紹介するたびに笑いが起きて、とても評判がよかったことを憶えています。

威厳や権威を保とうとするとユーモアは出てきません。年をとると物忘れが増えて、失敗も多くなります。それを笑いに変えられれば、自分がラクになるばかりか、人との距離もギュッと縮まります。

ギルティプレジャー

失敗とは違いますが、誰もが一つや二つ、ダメだとわかっていながら、ついついやってしまう習慣があるはずです。先ほどのポール・オズィンカップ氏に教えてもらったのが「ギルティプレジャー」というフレーズです。**直訳すると罪悪感のある喜び。**体によくなかったり、他の人から見たらバカにされたりしそうだけど、ついつい好きでやってしまうことです。わかっちゃいるけどやめられない、と言えばわかりやすいかもしれないですね。
例えば、こんなことが当てはまります。

・雨降りの時、傘で隠してすれ違う人に向かって変顔をして遊んでしまう。
・スマートフォンで音楽を聴きながら、その歌手になりきってエアー（口パク）で熱唱してしまう。
・パーキングエリアのミル挽きコーヒー自動販売機でドリップ中、流れる音楽に合わせて踊ってしまう。
・家事を後回しにして、若手スター主演の韓流ドラマを見てしまう（3人も好きな人がいるから忙しい）
・家族が寝静まったあと、お菓子を布団の中で音を立てないようにかみくだいて食べる。
・さんざん食べた飲み会の帰りに、ふらっとラーメン屋に立ち寄る習慣がある。

そんな素の自分を人に見せることができたら一気に壁がなくなります。

「一見、とてもしっかりしているように見えるけど、そんなお茶目なところもあるんだな」

「この人も完璧じゃないんだ」

そう思うと相手もホッとして話しやすくなります。実際、初対面同士のグループで、このエクササイズはとても有効です。最初に代表の何人かにギルティプレジャーの例を出してもらい、各グループでシェアしてもらいます。あちらこちらで笑いが起きて、和気あいあいとした場が作れます。

アメリカの実験では、自分が達成したことをシェアしたチームより、恥ずかしい話をシェアしたグループのほうが、その後のブレインストーミング（アイデアをどんどん出すこと）で、量、アイデアともに上回りました。最初に恥ずかしいことを言い合っているので、緊張がゆるんで奇抜なアイデアが出やすいのですね。

あなたのギルティプレジャーは何でしょう？

笑われる人間になろう！

人の不幸は蜜の味と言います。「あら〜それは大変だったわねぇ〜」なーんて言いながら、心の中では「くっくっく」と笑っているかもしれません。いいじゃないですか。ストレス社会で甘い蜜は貴重です。自分の小さな失敗が社会貢献にもなるのです。ここからは私の体験や見聞きした失敗談をシェアしていきます。

【キントン事件】

毎年、草刈家のおせち料理で作るのがキントンです。サツマイモを茹でて裏ごしし、砂糖を加え、鍋を火にかけて、一口味見してみたら……ブハッ、しょっぱっ！

そうです。塩と砂糖を間違えたのです。あまりの大失敗に思わず、フェイスブックに投稿してしまいました。その時の「いいね！」とコメントの多いこと

（笑）。

昔の私だったら　がっかりして落ち込んでいたかもしれません。しかし、今ではこういう時こそユーモアの出番と、どこかでほくそ笑んでいる自分がいます。

「何もかもが上手くいっているならユーモアは必要ないのです。人に嫌なことを言われたり、物事がうまくいかなかったり、自己嫌悪になりそうな時こそ、ユーモアは力を発揮します！」なーんて、人には言っているくせに、私自身が実践できなければ、説得力がありません。89ページでお伝えした、物語の主人公になるチャンスです。

流れてくるロッキーの主題歌♪

一度くらいの失敗にめげてどうする！　ロッキーになった私は坂道を駆けのぼり（車でですが）、スーパーマーケットで必要な食材を買い、再び家に戻ってきました。そして全神経を集中してキントンづくりに没頭。気持ちはキントン職人です。「もう二度と失敗は許されない」なんて必死になってはなりません。いつでも「心にゆとりを」です。

♪かあさんおせちを作りましょう　キントンキントンキントントン（肩たたきの曲に合わせて）

苦労した甲斐あって、最高においしいキントンができあがりました。

【駐車場事件】

ある時、母と車で買い物に行き、駐車場が混んでいたことがあります。仕方がないので、前の車の後ろに車をつけて待ちます。いつものパターンですが、なぜかまったく動く気配なし。

母は「こういう時にイライラしてはだめなのよ」と言い、待つことのできる人がいかにすばらしいかについて話し始めました。私も共感し、「本当ね、短気は損気だね！」などと話して20分が経過。まだ動かない。やはりおかしいと思い、よくよく前の車を見てみると、なんと誰も乗っていない……。

私たちは路上駐車された車の後ろにつけて20分も待っていたのでした。いかに待つことが大事かという話をしながら。

【ホワイトボード事件】

ある会社でユーモアをテーマにワークショップを行った時のことです。部屋に入ると壁がすべてホワイトボードになっていました。

テンションが上がった私は、「うわー、楽し〜い！」と調子に乗ってどんどん書きました。そしてワークショップが終了。書いた文字を消そうとすると、消えない……。

「濡れ雑巾でやれば落ちますよ」と参加者の女性が、濡らした紙タオルで拭いてみたのですが、やっぱり消えない……。全部がホワイトボードの壁かと思ったら、一面だけホワイトボードではなかったのです。結局、管理会社に電話して消してもらうことに……。

「大丈夫ですよ。下ネタを書いたわけじゃないから」

思わず吹き出してしまいました。ワークショップで「とにかく笑うこと」と伝えていたので、早速その手本を見せられました（笑）。

【父兄参観事件】

気取ったり、調子に乗ったりして失敗したことはありませんか？　その時は落ち込んだとしても、距離を置いて見たり、時間が経つと笑い話になります。

ユーモアクラスのIさんが、息子さんが小学校一年生だった時の父兄参観の話をしてくれました。初めての父兄参観ということで気合いを入れて、よそ行きの高級ブランドの服を着て学校に行ったIさん。その日は母の日だったので、「母の日にお母さんの喜ぶことをしましょう！」と先生に言われて子どもたちは、自分の母親が喜ぶと思うことを作文に書きました。

「では、作文読んでくれる人？」先生の呼びかけにみんな一斉に手を上げます。一人、そしてまた一人と、子どもたちは書いた作文を読んでいきました。そして、ついにIさんの息子さんの番が来ました。すまし顔で教室の後ろに立っていたIさん。どんなことを書いたのか期待して待っていると息子さんが、大きな声でこう言いました。

「ぼくは、くれよんでえをかくときは、なるべくうすくぬるようにします！そして、ともだちがくれよんをわすれても、ぜったいにかしません！」

Ｉさんは穴があったら入りたかったそうです。ユーモアクラスでは失敗談や、トホホ話をシェアしてもらうのですが、この話は大好評。Ｉさんはいつも優雅で落ち着いている印象があったのですが、この話を聞いてから一気に身近な人に感じました。

【息子の彼女事件】

次男が初めて彼女を家に連れてきた時のことです。

「すごく大人しくて人見知りするんだ。気をつけてよ」と不安そうに言うので、胸をどんと叩いて言ってやりました。

「何言ってんの！　心配いらないわよ。母さん、スピーチクラブに入って何年経つと思ってんの？　それにユーモアクラスで教えているのは場のなごませ方よ。母に任せなさい！」

いつも以上にユーモアの雰囲気作りに気を配りました。杏仁豆腐にもユーモアを入れて笑顔にしてみました。

実際に会ってみると、確かに大人しそうな女の子でした。スピーチクラブで学んだ対人スキル、それにユーモアクラスで紹介している聴くスキルを駆使して、話して聴いて、聴いて話して……居心地の悪い沈黙にならないよう気をつけました。もちろん、満面の笑みをひと時も絶やすことなく。なんたって、ユーモアコミュニケーショントレーナーですから、ワタクシ！

息子が彼女を駅まで送って戻ってきました。

「ねぇねぇ。母さんのことなんて言ってた？」私は待ちきれず、声をかけました。（明るいお母さん、楽しいお母さん、優しそうなお母さんかな♪）」

「あぁ、よくしゃべるお母さんだねって言ってた」

あ、あ、あんなにがんばったのに……。がっくり。

少し落ち込んだものの、ちょっと距離を置いて状況を眺めると笑えてきました。調子に乗っている自分がいます。張り切りすぎてからまわり。でも人から見たらそれが面白いのです。

【地理25点事件】

息子が中学生になった新学期のこと。ただいまも言わずにうなだれて帰ってきました。心配して聞くと、中間テストで地理が25点だったとのこと。思わず聞いてしまいました。
母「それって100点満点?」
息子「そうだよ！　でもたけし君は20点だった！（笑）」
母「みんなそんなに悪い点数だったの？　だったらそんな難しい問題出した先生が悪いんじゃない?」
息子「（悲しそうに）……はじめ君は90点だった」

今にも泣きそうな顔です。私はなんだかかわいそうになってきました。

母「初めての試験だったんだから、次はもっとできると思うわよ。こう考えてみたらどう？　はじめ君は、これからどんなに勉強しても10点しか上がらない。教科書をぜーんぶ暗記しても10点だけ。それに比べてあなたは、50点とったら2倍、75点で3倍、１００点とったらなーんと4倍よ！　もしあなたが会社に勤めて収益4倍にしたら社長になっちゃうわよ！」

息子の顔がしだいに輝き出しました。

「じゃあ、たけし君は、１００点とったら5倍になるね！」

「そのとおり！　お母さんに似て数学が得意なのね」

「ありがとう、母さん！」

そう言って息子は二階に上がっていきました。

「なんていい母親なんでしょう、私って！」

翌日、うれしそうな息子の声が聞こえてきました。

「母さん、見て見て！　数学は次１００点とったら、10倍だよ！」

最後は作り話ですが（笑）、後はすべて実話です。いろんな角度から見られるのがユーモアセンス。真正面からだけでなく、上下、左右、斜め、振ってみて、投げてみて、遠くから、近くから、過去から、未来から眺めてみてください。

【チョコレート事件】

「ぎゃ〜〜〜！」

大声で天に向かって叫んでしまいました。義母の介護に疲れ果てたからではありません。原稿の締め切りに間に合わないからでもありません。ある日ずっと机に向かって仕事をしていた私は疲れてきました。もうすぐ充電切れになりそう……。そんな時、ふと思い出したのです。

旅行に行った生徒さんからいただいた、三つのチェコのチョコ♡

とってもかわいいラッピングに入っている、三つのチェコのチョコ♥

丸、三角、四角と、みんな違ってみんないい、三つのチェコのチョコ♡

チョコのことを思い出したら自然と笑顔になって、猫背だった背中がすっと真っすぐになりました。ちょうど部屋の入り口に立っていた夫に言いました。

「あのチェコのチョコを一緒に食べましょうよ！」

心優しい妻でよかったね。そう思いながら立ち上がろうとする私に夫が言いました。

「あれ、食べちゃったよ」

「えっ？？？」

一瞬、何を言っているのか理解できませんでした（今、日本語話しましたか？）。

「え？　今、何て言ったの？」

「昨日の夜、疲れてたんだよ」

「えー！！！　だって三つあったでしょ？」

「すごく疲れてたんだよ！」

「三つあったのに、三つとも全部食べちゃったの〜」

うなずく夫。

「ぎゃ〜〜〜！」

これが冒頭の叫び声です。

「うそでしょ〜。まだ一個なら許す。それなのに三つとも〜〜〜⁉」

チョコレートを食べられたくらいで大げさだなぁと思ったあなた。食べ物の恨みは怖いのです。楽しみにしていたものが、消えてしまった怒りをどこに持っていけばよいのか。ここから学ぶことは次の通りです。

・夫は人間の姿をしているけれど、本当は食いしん坊のクマ。目に入るところに食べモノを置いてはいけない。今後、何かおいしいものをもらった時は、まず隠すべし。
・誰かが何かを失ってガックリしたときは、このチョコ事件を思い出し、共感すべし。
・そして、また一つ自分のことがわかりました。「自分はなんてちっぽけな人間なんだ！」

こんな**人間の弱さを笑えるのがユーモア**です。人に言う前に自分ができていない。とほほほほ……と。

いろいろと気づかせてくれた上に、もう一ついいことがあります。夫に家事を頼んで嫌な顔をされた時、悲しそうな瞳で言うのです。

「あ〜あのチョコ、食べたかったなぁ〜」

【大雪事件】

何もかもが上手くいっている時には、ユーモアは必要ない。思い通りにいかない時こそ、ユーモアが活躍するのである。そーんなことを偉そうに書いている私ですが、面白く捉える、おかしみを見つけることが、難しい時だってあります。

例えば、大雪予報。いつもは雪と聞くと家の中を飛びはねて喜ぶ私ですが（犬かいな!・）、今回ばかりは大ショック。次男の結婚式の日だったからです。式自体は屋内で行うものの、その式場では庭園にある橋の上で写真を撮るのが恒例でした。息子は気にしないでしょうが、お嫁さんはさぞがっかりすることだろう。そう思うとかわいそう。それに来賓の皆様にも申し訳ない……。

「何でよりによってこの日なのよぉ〜〜〜！」

でもこういう時こそ、物の見方を変えることが大事。ユーモア……ユーモア……ユーモア……、何にも出てこない〜。

よ〜し、まずは「雪だー」を言い方を変えて言ってみよう！

悲しそうに「雪だ……」、今度はうれしそうに「雪だー！」

「雪でよかった」と思えることが浮かんできました。

・一面の銀世界で美しい。
・ホワイトウェディングの響きがいい。
・雪の結婚式は珍しいので人々の記憶に残る。
・時間が経てば「あの日はすごかったねぇ」と笑い話にできる。
・結婚生活には苦労がつきもの。最初に残念なことがあれば、その分いいこともあるはず。

そもそも2月に結婚式を挙げるということは、雪が降る可能性もある。もしかしたら雪が降るというのは、逆にラッキーなのではないか。だんだん気持ちが明るくなってきました。

大雪を覚悟して長靴を用意しましたが、家を出る時は曇り空。そして、なんとか雪が降り始めるギリギリ前に、庭で写真を撮ることができました。

毎日の生活の中で起きた小さな失敗、勘違い、恥ずかしい体験談などを披露してきました。事実だけを見れば些細なことばかりですが、見方を変えればあら不思議。面白い出来事にもなります。**過去は変えられないはずですが、ユーモアのメガネをかければ、過去は変えられる**のです。

人生いいことばかりではありません。むしろ、思い通りにならないことのほうが多いと思います。それに抵抗したって、起きてしまったことは仕方がない。だからこそ、そこからおかしさを見つけ出すのです。

理想通りにいかなくても、見方を変えて面白がることができれば、現実を前向きに受け入れて楽しむことができます。それはありのままの自分を受け入れることでもあります。

自分を笑い飛ばすことができるようになったあなたは、どんな逆境にも立ち向かえる、ユーモアという「元気の素」をすでに心の中に備えているのです。

あとがき

最後まで読んでいただき、ありがとうございました。

２０１１年3月11日の東日本大震災は、私の人生にとって大きな転機となりました。日本中から笑顔が消えかけていた時、「はじめに」で紹介した看護婦さんのユーモアを思い出したのです。こんな辛い時こそ、小さなことでも笑えることを見つけなくては。自分の使命に目覚めた瞬間でした。

１カ月後に立ち上げたユーモアクラスは、相手を笑顔にするユーモアスピーチのクラスでした。ところが、いざ始めてみると、真面目すぎる人は緊張感が伝染して、相手も緊張させてしまうことに気づきました。

相手を笑わせるだけがユーモアの力なのだろうか。その前に、もっと自分がリラックスするにはどうしたらいいんだろう?

そんな時、アレン・クレイン著『笑いの治癒力（原著 The Healing Power of Humor)』に出合い、衝撃を受けました。人を笑わせるのではなく、自分が元気になるためのユーモアについて、苦しい時に役に立つ道具としてのユーモアについて、書かれた本だったからです。もし、私が若い時に、ユーモアの本当の意味に気づき、身につけられていたとしたら、もっと生きやすかったことでしょう。

日本では、多くの人がユーモアセンスは面白いことを言う能力だと思っています。本文で繰り返し言いましたが、もう一度言わせてください。ユーモアセンスは、面白いことを言うことではなく、面白いことを見つけることです。そして、楽しいから笑うのではなく、笑うから楽しくなるのです。

そのことを実感してもらうため、ユーモアクラスでは試行錯誤を繰り返しました。失敗してもいいんです。そう伝えて、安全で安心な場づくりを心がけました。体や心をほぐすワークを取り入れていくと、参加者の皆さんが、リラックスしてコミュニケーションを楽しむようになりました。場の雰囲気も明るくなり笑顔も増えました。極度に緊張した参加者が、あっという間に打ち解けた時の感動は今でも忘れられません。

ユーモアセンスはいつからでも磨けます。もしこの本で皆さんの見方が少しでも変わり、毎日の生活でユーモアを見つけやすくなったとしたら、こんなにうれしいことはありません。

最後にこれまで私を支えてくれた方々にお礼申し上げます。

人生の師であり、ユーモアクラスの指導法を伝授してくださった井上敏之氏、ユーモアを人生のテーマにするきっかけを作ってくれたセミナーコンテスト関係者の皆さん、何度もスピーチを聞いてくれたトーストマスターズクラブの皆さん、この本にエピソードを載せることを快く承諾してくれた、友人およびユーモアクラスのメンバーの皆さん、本当にありがとうございました。

米国ユーモア応用治療協会（ＡＡＴＨ）では世界中のユーモアの専門家とつながることができました。私にとって第２の家族です。そして両親を始め、応援してくれた家族にも心から感謝しています。

最後になりましたが、３年間、雨の日も風の日も、急かすことなく、見捨てることなく、いつも温かく励まし続けてくださった、芸術新聞社出版部の山田竜也氏に心からお礼申し上げます。

令和元年７月10日

草刈マーサ

参考文献

アレン・クレイン著『笑いの治癒力』創元社　１９９７年
井上宏ほか著『笑いの研究　ユーモア・センスを磨くために』フォーユー　１９９７年
大島希巳江著『日本の笑いと世界のユーモア』世界思想社　２００６年
澤村直樹著『〈聞き上手〉の法則　人間関係を良くする15のコツ』ＮＨＫ出版　２０１０年
生田サリー著『初対面の相手の心を一瞬で開く方法』KADOKAWA／中経出版　２０１３年
市川吉恵著『幸せをよぶ　らく家事』清流出版　２０１６年
チーム笑福著『笑いの奇跡』ベースボール・マガジン社　２０１８年
柏木哲夫著『ユーモアを生きる』三輪書店　２０１９年
Karyn Buxman, What's so Funny about Nursing? What's So Funny About? Publishing, 2013
Paul McGhee, Humor as Survival Training for a Stressed-Out World, AuthorHouse, 2010

著者略歴

草刈マーサ
ユーモアコミュニケーショントレーナー。米国ユーモアセラピー協会（AATH）公認ユーモアプロフェッショナル。シニア英会話講師。傾聴を広める団体アクティブリッスン専任講師。ラフターヨガリーダー。2013年セミナーコンテスト東京大会優勝。15年トーストマスターズ日本語全国スピーチコンテスト優勝。8年半のアメリカ生活でユーモアの大切さに気づき、ユーモアを本格的に学び始める。その後独自のプログラムを開発し、ユーモアコミュニケーションクラスを立ち上げる。本名は草刈正子。

▼草刈マーサホームページ
http://marthakusakari.com

ユーモア　マーサ　で検索

ユーモアコミュニケーション
場の雰囲気を一瞬で変える！

2019年8月20日　初版第1刷発行
2023年8月20日　　　第2刷発行

著者　草刈マーサ

発行者　相澤正夫
発行所　芸術新聞社
〒101-0052
東京都千代田区神田小川町2-3-12 神田小川町ビル
TEL 03-5280-9081（販売課）
FAX 03-5280-9088
URL http://www.gei-shin.co.jp

印刷・製本　シナノ印刷
デザイン　原田光丞
イラスト　しんざきゆき（コヨミイ）

ISBN 978-4-87586-562-9 C0011